この1冊で
OK!!

消費税軽減税率の徹底チェック

金井恵美子 [著]
Kanai Emiko

中央経済社

はしがき

　本書は、平成31年4月に発刊した『消費税軽減税率の直前チェック』を改訂し、軽減税率制度の実施を受けて名称の変更を行ったものです。

　軽減税率を導入した理由は、「日々の生活において幅広い消費者が消費・利活用しているものに係る消費税負担を軽減するとともに、買い物の都度、痛税感の緩和を実感できるとの利点がある」と説明されています。軽減税率導入後の商品価格を観察してみると、ファストフード店等において、軽減税率が適用される「持帰り」と標準税率が適用される「店内飲食」とを同じ税込価格にする例も多くみられます。

　企業は様々な要素を勘案して価格を決定します。軽減税率の対象となる商品であっても税率が低い分だけ安く提供されるとは限らない、ということとは自明でありましょう。

　軽減税率は、「痛税感の緩和」すなわち消費増税の緩衝材として採用されたのですが、制度の複雑化、商品価格の攪乱、税収への浸食、課税庁と納税者双方のコストの増加等を招き、公平、中立、簡素という消費税に求められる良い性質を後退させます。多くの研究者の意見は、付加価値税の税率構造は単一税率が優れているという結論で一致しています。

　しかし、そのような議論とは別に、実務においては、現行制度を正しく詳しく理解して、事業計画を練り、適正な処理を行わなければなりません。

　本書は、実務家のみなさまに、現行制度を、さらには令和5年10月に予定されるインボイス制度についてもわかりやすく解説することを目的として、法令はもとより、国税庁等が公表した最新の資料を参照し、詳細な説明を行っています。

　みなさまの日々の業務のお役に立つことができれば、これに勝る幸いはありません。

　本書を発案し、発行までご尽力くださった秋山宗一氏に心から感謝いたします。

　令和2年3月

金井　恵美子

凡例

文中、文末引用の条文等の略語は、次のとおりです。

税制抜本改革法……社会保障の安定財源の確保等を図る税制の抜本的な改革を行うための消費税法の一部を改正する等の法律（平成24年法律第68号）

26年改正令……消費税法施行令の一部を改正する政令（平成26年政令第317号）

改正法……所得税法等の一部を改正する法律（平成28年法律第15号）

改正令……消費税法施行令等の一部を改正する政令（平成28年政令第148号）

改正省令……消費税法施行規則等の一部を改正する省令（平成28年財務省令第20号）

30年改正令……消費税法施行令等の一部を改正する政令（平成30年政令第135号）

消法……改正法による改正前の消費税法（昭和63年法律第108号）

新消法……改正法による改正後の消費税法（昭和63年法律第108号）

消令……改正令による改正前の消費税法施行令（昭和63年政令第360号）

新消令……30年改正令による改正後の消費税法施行令（昭和63年政令第360号）

消規……改正省令による改正前の消費税法施行規則（昭和63年大蔵省令第53号）

新消規……改正省令による改正後の消費税法施行規則（昭和63年大蔵省令第53号）

基通……消費税法基本通達（平成7年12月25日付課消2－25ほか）

軽減通達……消費税の軽減税率制度に関する取扱通達（平成28年4月12日付課軽2－1ほか）

総額表示通達……事業者が消費者に対して価格を表示する場合の取扱い及び課税標準額に対する消費税額の計算に関する経過措置の取扱いについて（平成16年2月19日付課消1－8ほか）

Q&A制度概要編……「消費税の軽減税率制度に関するQ&A（制度概要編）」平成28年4月（平成30年1月改訂）

Q&A個別事例編……「消費税の軽減税率制度に関するQ&A（個別事例編）」平成28年4月（令和元年7月改訂）

インボイス通達……消費税の仕入税額控除制度における適格請求書等保存方式に関する取扱通達（平成30年6月6日付課軽2－8ほか）

インボイスQ&A……「消費税の仕入税額控除制度における適格請求書等保存方式に関するQ&A」平成30年6月（令和元年7月改訂）

転嫁対策特別措置法……消費税の円滑かつ適正な転嫁の確保のための消費税の転嫁を阻害する行為の是正等に関する特別措置法（平成25年法律第41号）

I 消費税の税率

❶ 消費税の税率の沿革

(1) 創設時（平成元年）

　消費税創設当初の税率は、「消費に広く薄く負担を求める税」（税制改革法10①）という理念に沿って、3％とされました。

(2) 平成6年度の改正

　平成5年11月の答申[1]において、

> 　高齢化の進展に伴い、社会保障支出のように景気変動にかかわらず経常的に支出を要する財政需要が増大していかざるを得ない。……
> ……景気変動に対する振れがより少なく、安定的な税収が期待できる消費課税のウエイトを増やしていくことが望ましい。

とされ、平成6年度の税制改正において、4％に引き上げられるとともに地方消費税が創設され、国及び地方をあわせた税率5％が平成9年4月1日から実施されました。

(3) 税制抜本改革法

　以来、消費税は、増加の一途を辿る社会保障給付費を賄う安定財源として期待され、その税率引上げは、常に時の政権の重要課題でした。平成24年の社会保障・税一体改革大綱は、次のように述べています[2]。

1　税制調査会「今後の税制のあり方についての答申」（平成5年11月）14頁。
2　「社会保障・税一体改革大綱」（平成24年2月17日閣議決定）27頁。

　消費税は、高い財源調達力を有し、税収が経済の動向や人口構成の変化に左右されにくく安定していることに加え、勤労世代など特定の者へ負担が集中せず、経済活動に与える歪みが小さいという特徴を持っている。社会保険料など勤労世代の負担が既に年々高まりつつある中で、こうした特徴を持ち、幅広い国民が負担する消費税は、高齢化社会における社会保障の安定財源としてふさわしいと考えられる。

　これを受け、平成24年8月に税制抜本改革法が成立し、平成26年4月1日以後の税率は8％（うち、地方消費税1.7％）に引き上げられ、消費税法1条に、消費税の収入は社会保障4経費（年金、医療、介護、子育て）に充てるものとすることが明記されました。

　また、税制抜本改革法は、平成27年10月1日以後の税率は10％（うち、地方消費税2.2％）と定めましたが、平成27年度税制改正においてその実施時期が平成29年4月1日に延期されました。

　さらに、平成28年8月24日、「消費税率引上げ時期の変更に伴う税制上の措置」が閣議決定され、平成28年11月18日に成立し同月28日に公布された税制抜本改革法を改正する法律[3]により、2年半延期されました。

(4) 平成28年度税制改正

　消費税創設当時、普通乗用車の譲渡については6％の税率が適用されていましたが、平成4年4月1日以後は4.5％に引き下げられ、平成6年3月31日をもってこの割増税率は廃止されました。以後、完全な単一税率制度を維持してきました。

　しかし、平成28年度の改正法において、消費税率10％への引上げにあわ

3　社会保障の安定財源の確保等を図る税制の抜本的な改革を行うための消費税法の一部を改正する等の法律等の一部を改正する法律（平成28年法律第85号）。

せて軽減税率を導入することが決定されました。

　その後、10％税率への引上げの時期が２年半延期されたことから、軽減税率の導入も、令和元年10月１日となりました。

適用期間		税率	消費税（国税）	地方消費税
消費税創設時　〜平成９年３月31日		3％	3％	―
平成９年４月１日　〜平成26年３月31日		5％	4％	1％ （4％×25/100＝1％）
平成26年４月１日　〜令和元年９月30日		8％	6.3％	1.7％ （6.3％×17/63＝1.7％）
令和元年10月１日以後	飲食料品及び新聞	8％	6.24％	1.76％ （6.24％×22/78＝1.76％）
	上記以外	10％	7.8％	2.2％ （7.8％×22/78＝2.2％）

❷　新旧税率の適用関係

　令和元年10月１日の税率引上げ前後に行う取引については、新旧どちらの税率を適用するのかが問題となります。適用する税率は、原則として、譲渡する目的物を引き渡した日に施行されている税率です。

参考：税制抜本改革法附則２条

　この附則に別段の定めがあるものを除き、新消費税法の規定は、この法律の施行日以後に国内において事業者が行う資産の譲渡等及び施行日以後に国内において事業者が行う課税仕入れ並びに施行日以後に保税地域から引き取られる課税貨物に係る消費税について適用し、施行日前に国内において事業者が行った資産の譲渡等及び施行日前に国内において事業者が

> 行った課税仕入れ並びに施行日前に保税地域から引き取った課税貨物に係る消費税については、なお従前の例による。

　例えば、9月30日までに商品の引渡しが完了していれば、その代金を受け取る日が10月1日以後であっても、商品を引き渡した日の税率8％を適用します。

　また、9月30日までに前金を受け取っていたとしても、10月1日以後に商品を引き渡した場合には、商品を引き渡した日の税率10％を適用します。

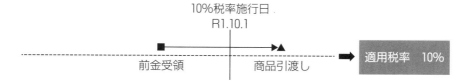

❸　旧税率を適用する経過措置

（1）10月1日の前後にまたがって行われる取引に係る経過措置

　10月1日の前後にまたがって行われる取引は、税率の判断や新税率の適用が難しいことから、取引の全体に旧8％の税率を適用する経過措置が設けられています。

　主な経過措置は、次のとおりです。

① 旅客運賃等

　平成26年4月1日から令和元年9月30日までの間に代金の支払があった旅客運賃や映画館、劇場、競馬場、美術館、遊園地等の入場料金（税制抜本改革法附則5①、16①、26年改正令附則4①）

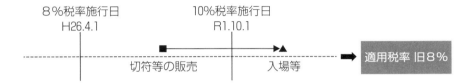

② 電気料金等

　令和元年10月1日前から継続供給している電気、ガス、水道、電話、灯油等の料金で、令和元年10月1日から令和元年10月31日までの間に料金の支払を受ける権利が確定するもの（税制抜本改革法附則5②、16①、26年改正令附則4②）

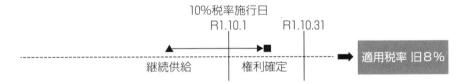

③ 家電リサイクル料

　家電リサイクル法に規定する製造業者等が令和元年9月30日までに領収した家電リサイクル料（同法の規定に基づき小売業者が領収している場合も含みます。）（26年改正令附則5⑤）

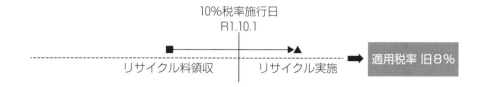

④ リース譲渡

　平成26年4月1日から令和元年9月30日までの間に行ったリース譲渡で延払基準を適用したもの（税制抜本改革法附則16の2①、26年改正令附則6、8）

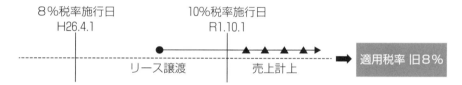

(2) 指定日を基準とする経過措置

　課税資産の譲渡等が新税率の施行日以後となる取引であっても、税率変更に伴う取引価格の改定が困難であると考えられる取引については、税率が引き上げられる6か月前の日（平成31年4月1日。この日を「31年指定日」といいます。）を基準として、その前日までに契約を行っていること等を要件に、令和元年10月1日以後もなお旧税率を適用する経過措置が設けられています。主な経過措置は、次のとおりです。

① 請負工事等

　工事や製造に係る請負契約、測量、設計及びソフトウエアの開発など一定の請負契約を平成25年10月1日から平成31年3月31日までの間に締結したもの（税制抜本改革法附則5③⑧、16①②、26年改正令附則4⑤）

（注）　前回指定日の前日（平成25年9月30日）までに締結した請負契約には、旧税率5％が適用されます。

②　資産の貸付け

　平成25年10月1日から平成31年3月31日までの間に締結した契約に基づき、令和元年10月1日前から引き続き行う資産の貸付け（税制抜本改革法附則5④⑧、16①②、26年改正令附則4⑥）

③　冠婚葬祭のための役務の提供

　平成25年10月1日から平成31年3月31日までの間に契約を締結した冠婚葬祭互助会サービス（税制抜本改革法附則5⑤、16①、26年改正令附則4⑦）

（注）　冠婚葬祭互助会サービスは、割賦販売法の規制対象であり、営業は経済産業大臣の許可が必要で、法人化が義務付けられています。

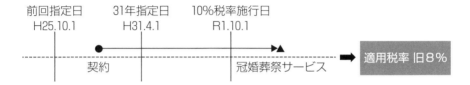

④　予約販売に係る書籍等

　平成31年3月31日までに締結した不特定多数の者に対する定期継続供給契約に基づき行う書籍その他の物品の譲渡で、対価を平成26年4月1日から令和元年9月30日までの間に領収しているもの（26年改正令附則5①）

> （注）　飲食料品の譲渡及び新聞の定期購読契約に基づく譲渡には、経過措置の適用はなく、軽減税率が適用されます（改正令附則4）。

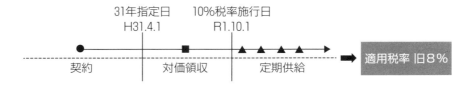

⑤　通信販売

　平成31年3月31日までに販売価格等の条件を提示し又は提示する準備を完了し、令和元年9月30日までに申込みを受け、提示した条件で行う通信販売（26年改正令附則5③）

> （注）　飲食料品の譲渡及び新聞の定期購読契約に基づく譲渡には、経過措置の適用はなく、軽減税率が適用されます（改正令附則4）。

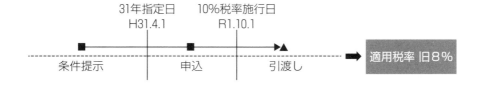

⑥　有料老人ホーム

　平成25年10月1日から平成31年3月31日までの間に締結した終身入居契約（介護料金を入居一時金として支払うもの）に基づき令和元年10月1日前から引き続き行う老人ホームの介護（26年改正令附則5④）

Ⅱ 軽減税率制度の導入

❶ 「軽減税率制度」の導入スケジュール

　消費税は、令和元年10月1日に複数税率となりました。以後10年をかけて、「軽減税率制度」⁴の導入が完了します。

❶　令和元年10月1日に軽減税率を導入。

❷　令和5年10月1日に適格請求書等保存方式（日本型インボイス制度）を導入。

❸　軽減税率の導入から令和5年9月30日までの4年間は、区分記載請求書等保存方式。

❹　中小事業者は、軽減税率の導入から4年間、売上税額を簡便に計算する特例適用が可能。

❺　卸売業又は小売業を営む中小事業者は、軽減税率の導入から原則として1年間、仕入税額を簡便に計算する特例適用が可能。

❻　中小事業者には、軽減税率の導入から原則として1年間、簡易課税制度の届出特例適用が可能。

❼　適格請求書等保存方式の導入から6年間は、免税事業者等からの課税仕入れの一部について仕入税額控除を認める経過措置。

4　一般的な用語として、「制度」を指す場合には、「単一税率制度」に対し「複数税率制度」という用語を使用し、「税率」を指す場合には、「標準税率」又は「普通税率」に対し、低く設定された税率を「軽減税率」、高く設定された税率を「割増税率」と呼ぶべきでしょう。
　しかし、改正法及び国税庁等の公表資料では、「軽減税率制度」いう用語が使用されています。
　これらに従い、本書では、「複数税率制度」という用語のほか、改正法による具体的な制度の名称として「軽減税率制度」という用語を使用しています。

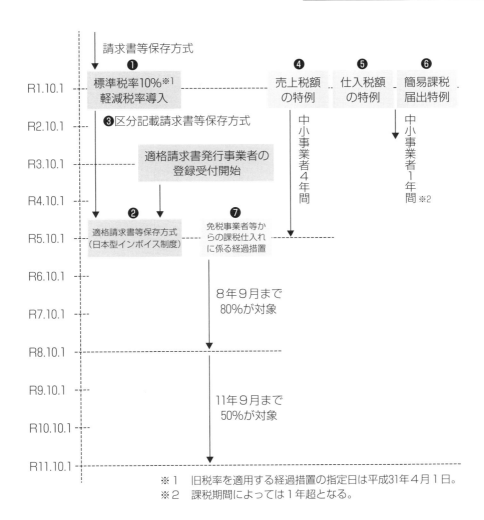

※1　旧税率を適用する経過措置の指定日は平成31年４月１日。
※2　課税期間によっては１年超となる。

❷　国税と地方税の比率

　令和元年９月30日までの税率は、国税である消費税6.3％と地方消費税
1.7％をあわせて８％です。これに対し、令和元年10月１日以後の軽減税
率８％は、国税である消費税が6.24％、地方消費税が1.76％です。

同じ合計税率であっても、国税の税率と地方税の税率の比率が異なる点に留意する必要があります。

令和元年10月1日以後は、合計税率10％、8％のいずれにおいても、国税と地方税の比率は78：22とされています（地方税法附則72の83）。

令和元年9月30日まで：単一税率制度 ➡ 令和元年10月1日以後：複数税率制度

【その他】
標準税率10%　比率

すべての課税資産の譲渡等】
税率8%　比率

すべての課税資産の譲渡等】税率8%	比率
地方消費税1.7%	17
消費税（国税）6.3%	63

【飲食料品と新聞】
軽減税率8%

【飲食料品と新聞】軽減税率8%	【その他】標準税率10%	比率
地方消費税1.76%	地方消費税2.2%	22
消費税（国税）6.24%	消費税（国税）7.8%	78

❸　旧税率を適用する経過措置等と軽減税率との関係

予約販売に係る書籍等の税率等に関する経過措置（16頁参照）の対象は、「書籍その他の物品」とされているため、飲食料品の販売が予約販売に係る経過措置の要件を満たす場合もあります。

ただし、旧税率を適用する経過措置は、令和元年10月1日以後に行う軽減対象資産の譲渡等については適用されません（改正法附則35、改正令附則4）。予約販売に関する経過措置の対象となるものであっても、それが飲食料品の譲渡である場合には、旧税率の8％ではなく、軽減税率の8％が適用されます。

したがって、令和元年9月30日までの引渡しについては、消費税（国税）6.3％、地方消費税1.7％で合計8％となり、令和元年10月1日以後の引渡しについては、消費税（国税）6.24％、地方消費税1.76％で合計8％

となります。

　通信販売（16頁参照）についても、同様です。

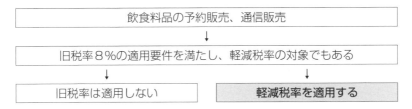

❹　軽減税率の対象

飲食料品の譲渡	「飲食料品」とは、次の①及び②をいう。 　①　食品（酒類を除く） 　②　食品と食品以外の資産で構成された一体資産のうち、所定の要件を満たすもの 「飲食料品の譲渡」には次の③及び④は含まない。 　③　外食（食事の提供） 　④　ケータリング（学校給食及び老人ホームの給食は軽減税率の対象）
新聞の譲渡	新聞の定期購読契約に基づく譲渡には、軽減税率を適用。
飲食料品の輸入	保税地域から引き取られる課税貨物のうち飲食料品に該当するものには、軽減税率を適用。

　これらを軽減税率の対象としたのは、「飲食料品等の消費実態や、低所得者対策としての有効性、事業者の事務負担等を総合的に勘案し」（平成28年与党大綱12頁）た結果であると説明されています。

　以下では、軽減税率の対象となる取引を「軽減対象資産の譲渡等」といい、その譲渡を行った場合に軽減税率が適用されるものを「軽減対象資産」といいます。なお、国税庁のQ&A等にあわせて、「軽減税率対象品目」という場合もあります。

参考：改正法附則34条1項（要約）

　事業者が、平成31年10月1日から35年9月30日までの間に国内において行う課税資産の譲渡等のうち次に掲げるもの（31年軽減対象資産の譲渡等）及び保税地域から引き取られる課税貨物のうち第1号に規定する飲食料品に該当するものに係る消費税の税率は、100分の6.24とする。

　一　飲食料品（食品表示法第2条第1項に規定する食品（酒税法第2条第1項に規定する酒類を除く。以下単に「食品」という。）をいい、食品と食品以外の資産が一の資産を形成し、又は構成しているもののうち政令で定める資産を含む。）の譲渡（次に掲げる課税資産の譲渡等は、含まないものとする。）

　　イ　飲食店業その他の政令で定める事業を営む者が行う食事の提供（テーブル、椅子、カウンターその他の飲食に用いられる設備のある場所において飲食料品を飲食させる役務の提供をいい、当該飲食料品を持帰りのための容器に入れ、又は包装を施して行う譲渡は、含まないものとする。）

　　ロ　課税資産の譲渡等の相手方が指定した場所において行う加熱、調理又は給仕等の役務を伴う飲食料品の提供（老人福祉法第29条第1項に規定する有料老人ホームその他の人が生活を営む場所として政令で定める施設において行う政令で定める飲食料品の提供を除く。）

　二　一定の題号を用い、政治、経済、社会、文化等に関する一般社会的事実を掲載する新聞（一週に2回以上発行する新聞に限る。）の定期購読契約（当該新聞を購読しようとする者に対して、当該新聞を定期的に継続して供給することを約する契約をいう。）に基づく譲渡

※軽減税率制度の消費税法上の位置付け

　軽減税率は、令和元年10月1日から適格請求書等保存方式へ移行するま

での4年間は、消費税法の附則による経過措置です。

　令和5年10月1日に適格請求書等保存方式へ移行するタイミングで、本法規定となります。

　附則34条において「31年軽減対象資産の譲渡等」と規定されている軽減税率の対象は、令和5年10月1日以後は、「軽減対象課税資産の譲渡等」として別表第一に掲げられることとなり（新消法2①九の二）、「軽減対象課税貨物」は、別表第一の二に記載されます（新消法2①十一の二）。

　これにより、現行の非課税資産の譲渡等の範囲である別表第一は別表第二に、非課税貨物の範囲である別表第二は別表第二の二に、それぞれ改められます。

Ⅲ 飲食料品の譲渡

　軽減税率の対象となる飲食料品の範囲や外食サービスの線引き、食品と食品以外とが一体となって販売される場合の取扱い等、軽減税率の適用範囲は、次のとおりです。

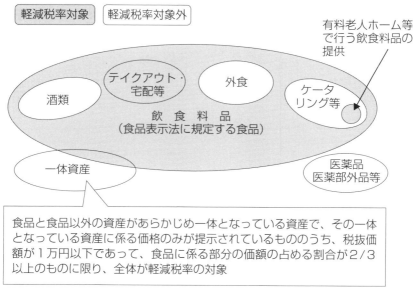

出典：Q＆A制度概要編

❶ 飲食料品の範囲

　「飲食料品」とは、食品表示法[5]に規定する食品（酒税法に規定する酒類を除きます。）及び所定の要件を満たす一体資産をいいます。

5　食品表示法（平成25年法律第70号）。

参考：食品表示法の概要

<目的>

○食品を摂取する際の安全性及び一般消費者の自主的かつ合理的な食品選
　択の機会を確保するため、食品衛生法、農林物資の規格化及び品質表示
　の適正化に関する法律（旧JAS法）及び健康増進法の食品の表示に関す
　る規定を統合して食品の表示に関する包括的かつ一元的な制度として創
　設（平成27年4月施行）

<食品表示基準の遵守>

○食品関連事業者等は、食品表示基準に従い、食品の表示義務を負う

<内閣総理大臣等による指示等>

○内閣総理大臣等は、食品表示基準に違反した食品関連事業者等に対して、
　表示事項の表示、遵守事項の遵守を指示

・指示を受けた者が、正当な理由なく指示に従わなかったときは、命令

・緊急の必要があるとき、食品の回収等や業務停止を命令

・指示、命令時にはその旨を公表

<立入検査等>

○違反調査のため必要がある場合には、立入検査、報告徴収、書類等の提
　出命令、質問、収去

<罰則等>

○食品表示基準違反（安全性に関する表示及び原産地・原料原産地表示の
　違反）、命令違反等には罰則

　食品表示法において、「食品」とは、「全ての飲食物（医薬品等を除き、
食品添加物を含む。）」（食品表示法2①）とされ、食品の販売をする者は、
「食品表示基準に従った表示がされていない食品の販売をしてはならない」
（食品表示法5）とされています。

参考：食品表示法2条・5条（要約）

第2条

1　この法律において「食品」とは、全ての飲食物（医薬品、医療機器等の品質、有効性及び安全性の確保等に関する法律第2条第1項に規定する医薬品、同条第2項に規定する医薬部外品及び同条第9項に規定する再生医療等製品を除き、食品衛生法第4条第2項に規定する添加物を含む。）をいう。

2　この法律において「酒類」とは、酒税法第2条第1項に規定する酒類をいう。

3　この法律において「食品関連事業者等」とは、次の各号のいずれかに該当する者をいう。

　一　食品の製造、加工（調整及び選別を含む。）若しくは輸入を業とする者（当該食品の販売をしない者を除く。）又は食品の販売を業とする者（以下「食品関連事業者」という。）

　二　前号に掲げる者のほか、食品の販売をする者

第5条

　食品関連事業者等は、食品表示基準に従った表示がされていない食品の販売をしてはならない。

　したがって、軽減税率の対象となる「食品表示法に規定する食品」とは、人の飲用又は食用に供されるものとして販売されるものということになります。

　　　　　　　食品表示法に規定する食品

　　　人の飲用又は食用に供されるものとして販売されるもの

(1)　食品であるかどうかは売り手が判定

　軽減税率が適用される取引か否かは、課税資産の譲渡等を行う事業者が、課税資産の譲渡等を行う時点で判断することになります（軽減通達2、Q&A制度概要編問11）。

　購入する者の使用目的は、税率の判定に影響しません。

　事業者が人の飲用又は食用に供されるものとして販売した場合は、たとえ顧客が飲食以外の目的で購入したとしても、その販売は、「飲食料品の譲渡」に該当し、軽減税率の対象となります。

　また逆に、事業者が人の飲用又は食用に供されるものでないとして販売した場合は、たとえ顧客が飲食する目的で購入したとしても、その販売は、「飲食料品の譲渡」ではありません。

軽減税率	標準税率
販売する事業者が、人の飲用又は食用に供されるものとして譲渡した場合	販売する事業者が、人の飲用又は食用以外に供されるものとして譲渡した場合

顧客がそれ以外の目的で購入し、又はそれ以外の目的で使用したとしても、「飲食料品の譲渡」に該当し、軽減税率の適用対象となる。	顧客がそれを飲用又は食用に供する目的で購入し、又は実際に飲用又は食用に供したとしても、「飲食料品の譲渡」に該当せず、軽減税率の適用対象とならない。

(2)　食品表示基準

　食品表示法4条は、内閣総理大臣は、内閣府令で、食品を消費者が安全に摂取し、及び自主的かつ合理的に選択するために必要と認められる事項を内容とする販売の用に供する食品に関する表示の基準を定めなければならないものとしています。

　平成27年4月1日に施行された食品表示基準（内閣府令）には、食品関

連事業者等が、加工食品、生鮮食品又は添加物を販売する場合に適用するべき表示基準が定められています。これによれば、加工食品とは、次の別表第一に掲げるもの（内閣府令2①一）、生鮮食品とは次の別表第二に掲げるもの（内閣府令2①二）とされています。

参考：別表（食品表示基準（内閣府令）に定める加工食品、生鮮食品）

別表第一＜加工食品＞

1　麦類

　　精麦

2　粉類

　　米粉、小麦粉、雑穀粉、豆粉、いも粉、調製穀粉、その他の粉類

3　でん粉

　　小麦でん粉、とうもろこしでん粉、甘しょでん粉、ばれいしょでん粉、タピオカでん粉、サゴでん粉、その他のでん粉

4　野菜加工品

　　野菜缶・瓶詰、トマト加工品、きのこ類加工品、塩蔵野菜（漬物を除く。）、野菜漬物、野菜冷凍食品、乾燥野菜、野菜つくだ煮、その他の野菜加工品

5　果実加工品

　　果実缶・瓶詰、ジャム・マーマレード及び果実バター、果実漬物、乾燥果実、果実冷凍食品、その他の果実加工品

6　茶、コーヒー及びココアの調製品

　　茶、コーヒー製品、ココア製品

7　香辛料

　　ブラックペッパー、ホワイトペッパー、レッドペッパー、シナモン（桂皮）、クローブ（丁子）、ナツメグ（肉ずく）、サフラン、ローレル（月桂葉）、パプリカ、オールスパイス（百味こしょう）、さんしょう、カ

レー粉、からし粉、わさび粉、しょうが、その他の香辛料

8　めん・パン類

　めん類、パン類

9　穀類加工品

　アルファー化穀類、米加工品、オートミール、パン粉、ふ、麦茶、その他の穀類加工品

10　菓子類

　ビスケット類、焼き菓子、米菓、油菓子、和生菓子、洋生菓子、半生菓子、和干菓子、キャンデー類、チョコレート類、チューインガム、砂糖漬菓子、スナック菓子、冷菓、その他の菓子類

11　豆類の調製品

　あん、煮豆、豆腐・油揚げ類、ゆば、凍り豆腐、納豆、きなこ、ピーナッツ製品、いり豆、その他の豆類調製品

12　砂糖類

　砂糖、糖蜜、糖類

13　その他の農産加工食品

　こんにゃく、その他1から12までに分類されない農産加工食品

14　食肉製品

　加工食肉製品、鳥獣肉の缶・瓶詰、加工鳥獣肉冷凍食品、その他の食肉製品

15　酪農製品

　牛乳、加工乳、乳飲料、練乳及び濃縮乳、粉乳、発酵乳及び乳酸菌飲料、バター、チーズ、アイスクリーム類、その他の酪農製品

16　加工卵製品

　鶏卵の加工製品、その他の加工卵製品

17　その他の畜産加工食品

　蜂蜜、その他14から16までに分類されない畜産加工食品

18 加工魚介類

　　素干魚介類、塩干魚介類、煮干魚介類、塩蔵魚介類、缶詰魚介類、加工水産物冷凍食品、練り製品、その他の加工魚介類

19 加工海藻類

　　こんぶ、こんぶ加工品、干のり、のり加工品、干わかめ類、干ひじき、干あらめ、寒天、その他の加工海藻類

20 その他の水産加工食品

　　その他18及び19に分類されない水産加工食品

21 調味料及びスープ

　　食塩、みそ、しょうゆ、ソース、食酢、調味料関連製品、スープ、その他の調味料及びスープ

22 食用油脂

　　食用植物油脂、食用動物油脂、食用加工油脂

23 調理食品

　　調理冷凍食品、チルド食品、レトルトパウチ食品、弁当、そうざい、その他の調理食品

24 その他の加工食品

　　イースト、植物性たんぱく及び調味植物性たんぱく、麦芽及び麦芽抽出物並びに麦芽シロップ、粉末ジュース、その他21から23までに分類されない加工食品

25 飲料等

　　飲料水、清涼飲料、酒類、氷、その他の飲料

別表第二＜生鮮食品＞

1　農産物（きのこ類、山菜類及びたけのこを含む。）

　(1) 米穀（収穫後調整、選別、水洗い等を行ったもの、単に切断したもの及び精麦又は雑穀を混合したものを含む。）

　　　玄米、精米

(2) 麦類（収穫後調整、選別、水洗い等を行ったもの及び単に切断した
ものを含む。）

　　大麦、はだか麦、小麦、ライ麦、えん麦

(3) 雑穀（収穫後調整、選別、水洗い等を行ったもの及び単に切断した
ものを含む。）

　　とうもろこし、あわ、ひえ、そば、きび、もろこし、はとむぎ、そ
の他の雑穀

(4) 豆類（収穫後調整、選別、水洗い等を行ったもの及び単に切断した
ものを含み、未成熟のものを除く。）

　　大豆、小豆、いんげん、えんどう、ささげ、そら豆、緑豆、落花生、
その他の豆類

(5) 野菜（収穫後調整、選別、水洗い等を行ったもの、単に切断したも
の及び単に凍結させたものを含む。）

　　根菜類、葉茎菜類、果菜類、香辛野菜及びつまもの類、きのこ類、
山菜類、果実的野菜、その他の野菜

(6) 果実（収穫後調整、選別、水洗い等を行ったもの、単に切断したも
の及び単に凍結させたものを含む。）

　　かんきつ類、仁果類、核果類、しょう果類、殻果類、熱帯性及び亜
熱帯性果実、その他の果実

(7) その他の農産食品（収穫後調整、選別、水洗い等を行ったもの、単
に切断したもの及び単に凍結させたものを含む。）

　　糖料作物、こんにゃくいも、未加工飲料作物、香辛料原材料、他に
分類されない農産食品

2　畜産物

(1) 食肉（単に切断、薄切り等したもの並びに単に冷蔵及び凍結させた
ものを含む。）

　　牛肉、豚肉及びいのしし肉、馬肉、めん羊肉、山羊肉、うさぎ肉、

　　家きん肉、その他の肉類

(2) 乳

　　生乳、生山羊乳、その他の乳

(3) 食用鳥卵（殻付きのものに限る。）

　　鶏卵、アヒルの卵、うずらの卵、その他の食用鳥卵

(4) その他の畜産食品（単に切断、薄切り等したもの並びに単に冷蔵及び凍結させたものを含む。）

3　水産物（ラウンド、セミドレス、ドレス、フィレー、切り身、刺身（盛り合わせたものを除く。）、むき身、単に凍結させたもの及び解凍したもの並びに生きたものを含む。）

(1) 魚類

　　淡水産魚類、さく河性さけ・ます類、にしん・いわし類、かつお・まぐろ・さば類、あじ・ぶり・しいら類、たら類、かれい・ひらめ類、すずき・たい・にべ類、その他の魚類

(2) 貝類

　　しじみ・たにし類、かき類、いたやがい類、あかがい・もがい類、はまぐり・あさり類、ばかがい類、あわび類、さざえ類、その他の貝類

(3) 水産動物類

　　いか類、たこ類、えび類、いせえび・うちわえび・ざりがに類、かに類、その他の甲かく類、うに・なまこ類、かめ類、その他の水産動物類

(4) 海産ほ乳動物類

　　鯨、いるか、その他の海産ほ乳動物類

(5) 海藻類

　　こんぶ類、わかめ類、のり類、あおさ類、寒天原草類、その他の海藻類

　軽減税率の対象を判断するに当たって、食品表示基準に記載されている
ものが食品であり、掲載されていないものは食品ではないと考える向きも
あるようです。しかし、食品表示基準は、消費者の求める情報提供と事業
者の実行可能性とのバランスを図り、双方に分かりやすい表示の基準を示
したものであり、食品となるものの名称のすべてを網羅して掲げているとは
いえません。消費税法は、食品を「食品表示法2条1項に規定する食品」と
定義しているのであって、「食品表示基準に掲げる食品」とはしていません。

　軽減税率の対象となる食品とは、その販売について食品表示法の規制の
対象となる食品であるということになります。たとえ食品表示基準にその
名称が記されていなくても、そのことによって食品ではないと判断するこ
とはありません。

(3) 生きている魚、生きている牛

　上述のとおり、食品表示基準に掲げられているものに限らず、「人の飲
用又は食用に供するものとして販売されるもの」が、軽減税率の対象です。

　ただし、食品表示基準は、食品であるかどうかの目安になります。

　生きている魚が食品に該当するかどうかを考えてみましょう。

　食品表示基準の別表第二「生鮮食品」をみると、水産物には、「生きた
ものを含む」と示されています。したがって、食用の水産物は、生きた状
態であっても食品に該当し、食品として販売した場合は、飲食料品の譲渡
であるということになります。

　もちろん、観賞用の金魚や熱帯魚は食品ではありませんから、その譲渡
は、飲食料品の譲渡ではありません。

　また、食肉の欄を見ると、「生きている牛」は掲げられていません。し
たがって、生育した牛を生きた状態で食肉製造業者に販売した場合には、
飲食料品の譲渡にはあたらず標準税率が適用されます。切断して、食肉に

なった以後の譲渡は飲食料品の譲渡になります。豚や鳥についても、同様です。

(4) 高級食材も軽減税率の対象

高級食材も軽減税率の対象です。

低所得者への配慮という観点からみると、高級食材は軽減税率の対象にするべきではない、という考え方もあります。また、軽減税率の対象は、生鮮食料品や基礎的食料品に限るべきではないかという意見もあります。

しかし、食品の中で線引きを行うことは難しく、軽減税率は飲食料品の譲渡の全般に適用されることとされています。

(5) 植物の種

例えば、ケーキやクッキーの材料としてひまわりの種を使用することがあります。

「食品表示法に規定する食品」とは、「人の飲用又は食用に供されるものとして販売されるもの」です。したがって、ひまわりの種（食用に適するものに限ります。）は、ケーキやクッキーの材料等、食品として販売した場合には軽減税率が適用され、ハムスターのエサや園芸用の種子として販売した場合には標準税率が適用されます。

(6) ミネラルウォーター、水道水

人の飲用として販売されるミネラルウォーターなどの飲料水は、「食品」に該当し、軽減税率の対象です。

他方、水道水は、飲用のほか、炊事、風呂、洗濯といった生活用水として供給されるものですから、軽減税率の対象となりません。ただし、水道水をペットボトルに入れて、人の飲用に供される食品として販売する場合

には、軽減税率が適用されます（Q＆A個別事例編問8）

　また、ミネラルウォーターの販売にあわせて、ウォーターサーバーのレンタルを行う場合があります。この場合、ウォーターサーバーで使用する水の販売のみが軽減税率の対象となり、ウォーターサーバーのレンタルには軽減税率は適用されません（Q＆A個別事例編問10）。

(7)　食品添加物

　添加物とは、「食品の製造の過程において又は食品の加工若しくは保存の目的で、食品に添加、混和、浸潤その他の方法によって使用する物」（食品衛生法4②）をいいます。

　一般に、加工や保存に使う着色料、保存料、味付けに使う調味料などをまとめて食品添加物と呼んでいますが、天然、合成の区別なく、安全性とその有効性を科学的に評価し、厚生労働大臣が認めたものが、食品添加物であるとされています。

食品添加物の例
凝固剤…………とうふを固める
香料、甘味料…食品の味や香りをよくする（菓子、漬け物、清涼飲料水など）
保存料…………食品を長持ちさせる（ハム、ソーセージなど）
酸化防止剤……食品を長持ちさせる（バター、清涼飲料水など）
着色料…………食品の見た目をよくする（菓子、漬け物など）
発色剤…………食肉が黒ずむのを防ぐ（ハム、イクラなど）
ビタミン、ミネラル、アミノ酸…栄養成分や栄養素を補充・強化する

(8)　販売先が化粧品の原材料に使用する場合

　例えば、食用として販売している食品添加物を、取引先である化粧品メーカーが化粧品の原材料として使用している場合が考えられます。

　そのような場合であっても、人の飲用又は食用に供されるものである食

品衛生法に規定する「添加物」として販売されるものは、「食品」に該当します。したがって、取引先が化粧品の原材料として使用する場合であっても、「添加物」を「食品」として販売する場合には、軽減税率の対象となります（Q＆A個別事例編問20）。

(9) 栄養ドリンク、健康食品

「医薬品、医療機器等の品質、有効性及び安全性の確保等に関する法律」に規定する「医薬品」、「医薬部外品」及び「再生医療等製品」は、「食品」に該当しません（改正法附則34①一）。

したがって、栄養ドリンクや健康食品が軽減税率対象品目となるかどうかは、個々の商品について、「医薬品」、「医薬部外品」及び「再生医療等製品」に該当するかどうかによって判断します。

購入する場合は、その商品の表示を確認すれば判断することができます。

❷ 酒税法に規定する酒類

酒税法に規定する酒類の譲渡は、軽減税率の対象となりません。酒税法において酒類は、「アルコール分1度以上の飲料」と定められています（酒税法2）。

参考：酒税法[6] 2条

1　この法律において「酒類」とは、アルコール分1度以上の飲料（薄めてアルコール分1度以上の飲料とすることができるもの（アルコール分が90度以上のアルコールのうち、第7条第1項の規定による酒類の製造

6　酒税法（昭和28年法律第6号）。

> 免許を受けた者が酒類の原料として当該製造免許を受けた製造場におい
> て製造するもの以外のものを除く。）又は溶解してアルコール分１度以
> 上の飲料とすることができる粉末状のものを含む。）をいう。
> 2　酒類は、発泡性酒類、醸造酒類、蒸留酒類及び混成酒類の４種類に分
> 類する。

(1) ノンアルコールビール、甘酒

ノンアルコールビールや甘酒など、アルコール分が１度未満の飲料は、軽減税率の適用対象である「飲食料品」に該当します（Ｑ＆Ａ個別事例編問15）。

(2) みりん

みりんは酒類ですが、アルコール分が１度未満のみりん風調味料は「飲食料品」となり、軽減税率対象品目です（Ｑ＆Ａ個別事例編問14）。

(3) 料理酒

料理に使う日本酒を総称して料理酒という場合もありますが、料理専用の料理酒は、塩を大量に添加してそのままでは到底飲めないように加工された発酵調味料であるものが多くなっています。このように加工されたものは、アルコール分が１度以上であっても、「飲料」ではないので、酒類に該当しません。軽減税率の対象となります。

(4) 原料の酒、酒の原料、酒類を原料にした菓子

　アルコール分１度以上の飲料である酒類は、食品の原料として販売する場合であっても、軽減税率は適用されません（Ｑ＆Ａ個別事例編問13）。

　他方、日本酒を製造するための原料である米は、軽減税率の対象です（Ｑ＆Ａ個別事例編問17）。

　また、酒類を原料とする菓子は、そのアルコール分が１度以上であっても、飲料に該当しなければ酒類ではありません。したがって、飲料に該当しないケーキやチョコレートには、アルコール度数にかかわらず、軽減税率が適用されます（Ｑ＆Ａ個別事例編問16）。しかし、溶けて液体となるフラッペは、酒類に該当します。

　酒税法通達には、平成30年６月27日付けで次の「アルコール含有菓子類等の取扱い」が設けられています。

参考：酒税法通達[7] ２編２条１項関係４

　４　アルコール含有菓子類等の取扱い

　アルコール含有菓子類等（アルコールを含有する菓子類及びアイスクリーム類並びにその他の食品をいう。）であっても、融解又は溶解により飲用することができ、かつ、アルコール分が１度以上のものは酒類に該当する。

　ただし、次に掲げる事項の全てを満たすものについては、強いて酒類には該当しないものとして取り扱う。

(1)　一般に飲用に供されるものではないと認知されているもの

(2)　実態として、通常飲料として供されるものとは認められないもの

---

[7]　酒税法及び酒類行政関係法令等解釈通達（課酒１-36ほか、平成11年６月25日）。

(3)　製品の形状を維持することを目的とした製造行為が行われるもの又は
　　食品添加物等が使用されるもので、氷菓以外のもの

❸　販売促進費

　事業者が販売促進の目的で課税資産の販売数量、販売高等に応じて取引
先に支払う販売奨励金等は、売上げに係る対価の返還等に該当します（基
通14-1-2）。また、課税仕入れにつき金銭により支払を受ける販売奨励
金等は、仕入れに係る対価の返還等に該当します（基通12-1-2）。

　売上げに係る対価の返還等又は仕入れに係る対価の返還等については、
それぞれその対象となった課税資産の譲渡等又は課税仕入れの事実に基づ
いて、適用される税率を判断します（改正法附則34②、38⑤、39②）。し
たがって、その売上げの対価の返還等又は仕入れの対価の返還等の対象と
なった取引が「飲食料品の譲渡」であれば、軽減税率が適用されます。

❹　包装材料等

(1)　別途対価を徴収する場合

　贈答用の包装など、包装材料等につき別途対価を定めている場合のその
包装材料等の譲渡は、「飲食料品の譲渡」には該当しません。

　また、保冷剤についても、別途対価を徴している場合は、飲食料品の譲
渡とは別に行う保冷剤の譲渡であり、軽減税率の適用対象となりません
（改正法附則 34①一）。

（2）別途対価を徴収しない場合

①　「通常必要なものとして使用される包装材料等」である場合

　飲食料品の販売に際し使用される包装材料及び容器（包装材料等）が、その販売に付帯して通常必要なものとして使用されるものであるときは、その包装材料等を無料にし、その分食品の価格を引き上げて対価の全部を軽減税率の適用対象とすることができます。

　「通常必要なものとして使用される包装材料等」とは、飲食料品の販売に付帯するものであり、通常、飲食料品が費消され又はその飲食料品と分離された場合に不要となるようなものが該当します。

　高額な飲食料品にあっては、桐の箱等の高価な容器に入れられて販売されることがありますが、このような場合は、桐の箱にその商品の名称などを直接印刷等して、その飲食料品を販売するためにのみ使用していることが明らかなときは、その飲食料品の販売に付帯して通常必要なものとして使用されるものに該当します（軽減通達3、Q＆A個別事例編問27）。

②　「通常必要なものとして使用される包装材料等」でない場合

　例えば、陶磁器やガラス食器等の容器のように飲食の用に供された後において食器や装飾品等として利用できるものを包装材料等として使用しており、食品とその容器をあらかじめ組み合わせて一の商品として価格を提示し販売している場合には、その商品は次の「一体資産」に該当します（改正法附則34①一、軽減通達3（注）2）。

❺　一体資産

（1）一体資産とは

　食品と食品以外の資産があらかじめ一の資産を形成し、又は構成してい

るものであって、その一の資産に係る価格のみが提示されているものを
「一体資産」といいます（改正令附則２一）。

一体資産
次の要件のいずれも満たすもの （要件１）食品と食品以外の資産があらかじめ一の資産を形成し、又は構成している （要件２）その一の資産に係る価格のみが提示されている

　例えば、菓子と玩具で構成されている「食玩」、食器として再利用でき
る陶器に入れて販売する洋菓子、紅茶とティーカップのセット商品、食品
と食品以外の商品で構成された福袋などは、「一体資産」に該当します。

(2) 一体資産の税率

　「一体資産」の譲渡は、原則として軽減税率の適用対象ではありません。

❻ 一体資産に軽減税率が適用される場合

　「一体資産」の譲渡は、原則として軽減税率の適用対象ではありません
が、次のいずれの要件も満たす場合は、その一体資産は飲食料品の範囲に
含まれることとなり、その譲渡全体に軽減税率が適用されます（改正法附
則34①一、改正令附則２一）。

⑴　一体資産の譲渡の対価の額（税抜価額）が10,000円以下であること ⑵　一体資産の価額のうちに当該一体資産に含まれる食品に係る部分の価額の占める割合として合理的な方法により計算した割合が３分の２以上であること

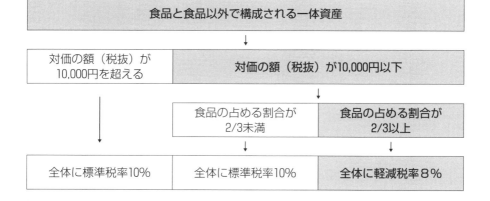

(1) 10,000円以下の判定

① 実際の対価の額

　10,000円以下の判定は、時価や希望小売価格ではなく現実に対価として収受した金額のうち本体部分の金額です。値下販売を行った場合にはその値下げを行った後の現実の譲渡の対価です。

② 税抜10,000円以下は、税込10,800円以下

　法令上、10,000円以下であるかどうかの判定は、課税標準額となる税抜対価の額で行うものとされています（改正令附則2一）。

　ただし、消費税法63条は、課税事業者は、不特定かつ多数の消費者にあらかじめ価格を表示するときは、消費税等を含む税込価格を表示しなければならないものと定めています。転嫁対策特別措置法によって、令和3年3月31日までは税抜きの本体価格を表示することができますが、対消費者取引では、税込みで価格を設定する場合も多いと考えられます。

　税込みで価格を設定した場合の税抜対価の額を計算してみると、例えば、税込み10,801円という価格は、軽減税率8％で割り戻せば10,001円（1万円超）、標準税率10％で割り戻せば9,820円（1万円以下）となります。ま

た、税込み11,000円という価格は、軽減税率 8 ％で割り戻せば10,186円
（ 1 万円超）、標準税率10％で割り戻せば10,000円（ 1 万円以下）となりま
す。

　この場合、どちらの税率を適用するべきかが問題となりますが、国税庁
は、軽減税率を適用した場合に税抜き10,000円以下となるものについて軽
減税率を適用することができると判断しているようです。

　したがって、税抜き10,000円以下という要件は、「税込み10,800円以下」
という要件であるということになります。

③　設定してはいけない価格

　上述のとおり、税込み10,800円以下までは軽減税率 8 ％が適用され、そ
れを 1 円でも超えると適用税率は10％になります。そうすると、10,801円
から10,998円までの税込価格では、次のように、10,800円と比べて、顧客
の支払が増加する以上に税額が増加する逆転現象が起こります。

≪税込みで価格設定した一体資産の適用税率と税抜対価の額≫

税込価格	適用税率	税抜対価の額	消費税等
10,800円	軽減税率　 8 ％	10,000円	800円
10,801円	標準税率　10％	9,820円	981円
10,802円	標準税率　10％	9,820円	982円
10,998円	標準税率　10％	9,999円	999円
10,999円	標準税率　10％	10,000円	999円
11,000円	標準税率　10％	10,000円	1,000円

　（注）　1　食品の価額の占める割合が 3 分の 2 以上である一体資産を前提としてい
　　　　　　ます。
　　　　2　税抜対価の額の計算に当たっては、税額の端数を切捨処理して算出して
　　　　　　います。したがって税込み10,801円である場合の税抜対価の額の計算は次
　　　　　　のようになります。
　　　　　　　10,801円×10／110＝981.90…円　→　981円　　10,801円－981円＝9,820円

　税込み10,800円である場合の税額は800円ですが、税込み10,801円である

場合の税額は981円ですから、お客様のお支払が1円増えるとお店の利益が180円減少してしまうのです。税込み10,801円から10,998円までの価格は、設定してはいけない価格帯ということになります。

(2)　食品の価額の占める割合

①　合理的な方法により計算した割合

　上記の「一体資産の価額のうちに当該一体資産に含まれる食品に係る部分の価額の占める割合として合理的な方法により計算した割合」とは、販売する商品や販売実態等に応じて、事業者が合理的に計算した割合です（軽減通達5）。

合理的な割合と認められるもの	認められないもの
• 一体資産の譲渡に係る売価のうち、合理的に計算した食品の売価の占める割合 • 一体資産の譲渡に係る原価のうち、合理的に計算した食品の原価の占める割合※	売価又は原価と何ら関係のない、重量・表面積・容積等といった基準のみにより計算した割合

※　原価に占める割合により計算を行う場合において、原価が日々変動するなど、その割合の計算が困難なときは、前課税期間における原価の実績等により合理的に計算することができる。

②　小売事業者等の判断

　小売業や卸売業等を営む事業者が、一体資産に該当する商品を仕入れて販売する場合において、販売する税抜対価の額が10,000円以下（税込み10,800円以下）であれば、その課税仕入れのときに仕入先が適用した税率をそのまま適用することができます（Q&A個別事例編問96）。

　一体資産を仕入れた場合には、「一体資産の価額のうちに食品に係る部分の価額の占める割合として合理的な方法により計算した割合」による判定ができないことに配慮した取扱いです。

❼　一体資産か、一括譲渡か

(1)　一括譲渡となるもの

　次のような場合は、食品と食品以外の資産が一の資産を形成し又は構成しているものであっても、一体資産に該当しません（改正法附則34①一、改正令附則2、軽減通達4）。軽減対象資産の譲渡等と標準税率適用の課税資産の譲渡等とを一括して行う「一括譲渡」となります。

①　顧客が組合せを選択できる場合

　個々の商品の価格を提示しているか否かにかかわらず、商品（食品と食品以外）を、たとえばこのワゴンボックス内の商品は、よりどり3品△△円との価格を提示し、顧客が自由に組み合わせることができるようにして販売している場合には、一体資産となる（要件1）「食品と食品以外の資産があらかじめ一の資産を形成し、又は構成している」に欠けるため、一体資産には該当しません（軽減通達4）。

②　内訳価格を表示している場合

　例えば、セット価格1,000円（内訳：A商品400円、B商品300円、C商品300円）と表示するなど、食品と食品以外の資産を組み合わせた一の詰め合わせ商品について、その詰め合わせ商品の価格とともに、これを構成する個々の商品の価格を内訳として提示している場合には、一体資産となる（要件2）「その一の資産に係る価格のみが提示されている」に欠けるため、一体資産には該当しません（軽減通達4）。

(2)　食品と非売品の組合せ

　ファーストフード店では、ハンバーガーとドリンクに非売品のおもちゃ

を組み合わせたおもちゃ付きセットが見られます。

① 一体資産であるかどうかの判定

　おもちゃが非売品であっても、

　（要件1）食品と食品以外の資産があらかじめ一の資産を構成し、

　（要件2）その一の資産に係る価格のみが提示されている

ときは、そのおもちゃ付きセットは、一体資産に該当します。

【ファーストフード店のおもちゃ付きセット】

【ハンバーガー、ドリンク、おもちゃのセット】＝500円 内容を選ぶことはできないが、**内訳価格が表示されている**	→	一体資産 でない
【ハンバーガー、ドリンク、おもちゃのセット】＝500円 セット価格のみが提示されているが、 **ハンバーガー、ドリンク又はおもちゃを選べる**	→	一体資産 でない
【ハンバーガー、ドリンク、おもちゃのセット】＝500円 あらかじめセットをされ、セット価格のみが提示されている （単品メニューが別にあってもかまわない）	→	**一体資産**

　　（注）　セット商品を構成する食品又は食品以外の資産について、選択可能な組合せのパターンを提示し、それぞれ組合せに係る価格のみを提示している場合には、一体資産に該当します（Q&A個別事例編問88）。

② 食品の単品価格の合計額がセット価格以上である場合

　ハンバーガー及びドリンクの単品の販売価格の合計額がセット価格以下である場合やおもちゃなしでもセット価格が変わらない場合は、一体資産に該当するかどうかにかかわらず、おもちゃの対価をゼロとして、全体に軽減税率を適用します。

【セット価格が500円のおもちゃセット】

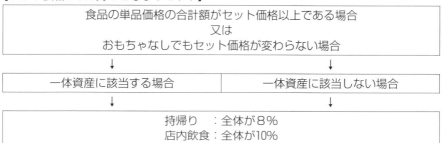

③　**食品の単品価格の合計額がセット価格未満である場合**

　　ハンバーガー及びドリンクの単品の販売価格の合計額がセット価格に満たない場合は、たとえ非売品であっても、おもちゃの対価をゼロとすることはできません。

　　おもちゃセットが一体資産に該当する場合には、その一体資産の価額が10,000円以下で、その一体資産の価額のうちに食品に係る部分の価額の占める割合が3分の2以上という要件を満たせば、そのおもちゃ付きセット

【セット価格が500円のおもちゃセット】

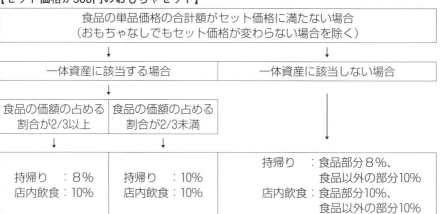

は飲食料品に該当します。

　一体資産に該当しない場合は、食品部分と食品以外の部分とに区分して税率を適用します。

　いずれの場合も、店内飲食をする場合には、軽減税率は適用されません。

❽　一括譲渡

(1)　一括譲渡の対価の区分

　食品と食品以外の商品を一括譲渡する場合には、ほとんどの場合、請求書や領収書、レシート等においてその対価の区分が示されているものと考えられます。これらの書類や契約等において対価の額が合理的に区分されているときは、その書類や契約等における合理的な区分によることになります。

　個々の商品に係る対価の額が明らかでないときは、商品の価額を適用税率ごとに区分しなければなりません（改正令附則6）。次の資産を一括譲渡した場合において、対価の額が合理的に区分されていないときは、これらの資産の譲渡の時におけるこれらの資産の価額の合計額のうちに、①に掲げる資産の価額、又は、②に掲げる資産の価額の占める割合を乗じてそれぞれの税率に係る課税標準額を計算します（改正令附則6）。

①　標準税率適用の課税資産の譲渡等に係る資産
②　軽減対象資産の譲渡等に係る資産
③　非課税資産の譲渡等に係る資産

　これは、単一税率制度の下で土地建物の譲渡など課税資産と非課税資産とを一括譲渡した場合と同様の取扱いです。

　なお、令和5年10月1日以後は、インボイス制度に移行するため、適格

請求書に、合理的に区分した税率ごとの対価の額を記載することとなります。

(2)　割引券等を使用した場合

　軽減対象資産の譲渡等と標準税率適用の課税資産の譲渡等につき、割引券を利用するなどにより一括して値引きを行った場合のそれぞれの値引き後の対価の額は、それぞれの資産の値引き前の対価の額等により按分するなど合理的に算出することとなります（軽減通達15）。

　顧客へ交付する領収書等において、適用税率ごとの値引額又は値引額控除後の対価の額が確認できるときは、適用税率ごとに合理的に区分されているものに該当します（軽減通達15）。

　したがって、値引額又は値引き後の対価の額が領収書等の書類により確認できることを要件に、標準税率の課税資産の譲渡等の対価の額から優先的に値引きをすることができます（Q＆A個別事例編問118）。

❾　飲食料品の委託販売

(1)　委託者

①　総額処理

　委託販売により課税資産の譲渡等を行う場合には、委託者（次頁図①及び③）においては、その委託商品の仕入れ及び受託者への委託販売手数料の支払が課税仕入れとなり、受託者が委託商品の譲渡等に伴って購入者から収受する金額（次頁図②）が課税売上げの対価の額となります。これを「総額処理」といいます。

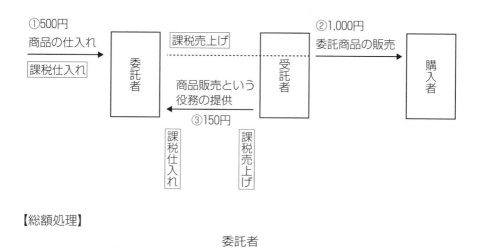

【総額処理】

委託者		
課税仕入れ　①　500	課税売上げ　②　1,000	
課税仕入れ　③　150		

② 純額処理

　この総額処理に対して、消費税法基本通達10‐1‐12は、その課税期間中に行った委託販売等のすべてについて、購入者への売上金額から受託者に支払う委託販売手数料を控除した残額（上図②－③）を課税売上げに計上する「純額処理」を容認しています。

【純額主義】

委託者	
課税仕入れ　①　500	課税売上げ　②－③　850

③ 飲食料品の委託販売

　飲食料品の委託販売については、購入者への飲食料品の譲渡と受託者による委託販売手数料を対価とする役務の提供の税率が異なることから、純

額処理を行うことはできません（軽減通達16）。

　ただし、飲食料品の委託販売については総額処理を行い、飲食料品以外の委託販売等のすべてについて純額処理を行う場合には、それによることが認められます（Q＆A個別事例編問45）。

(2)　受託者

　委託販売等を請け負う受託者においては、委託者から受ける委託販売手数料（前頁図③）を課税売上げとするのが原則です。

【原則処理】

受託者	
	課税売上げ　③　150

　ただし、消費税基本通達10-1-12は、委託された商品の譲渡等により購入者から収受する金額（前頁図②）を課税売上げとし、委託者に支払う金額（前頁図②－③）を課税仕入れに係る金額とすることを認めています。

【特例処理】

受託者	
課税仕入れ②－③　850	課税売上げ　②　1,000

　この特例処理は、従来、委託販売等のすべてが課税資産の譲渡等である場合に限られています。非課税資産の譲渡等に係る委託販売等についてこの特例を適用すると、非課税の売上げと仕入れに、課税売上げである委託販売手数料が吸収されてしまうからです。

　取扱商品が飲食料品である場合も、飲食料品の譲渡と委託販売手数料の税率が異なることから特例処理を行うことはできません。

❿ 外食（食事の提供）

　「外食」については、その消費税負担が逆進的とは言えないことや、諸外国においても軽減税率の適用対象外とされている事例が多く見受けられること等の事情を総合勘案し、軽減税率の適用対象外とされました。

　消費税においては、従来、「飲食」は役務の提供と整理されており※、軽減税率の対象を「飲食料品の譲渡」とすれば、役務の提供である「外食」は除かれるとの解釈が導かれます。ただし、外食産業における飲食料品の提供形態には様々なものがあることから、「外食」が飲食料品の譲渡には含まれないことを確認するため、改正法は、「飲食設備のある場所において飲食料品を飲食させる役務の提供」が飲食料品の譲渡には含まれないことを確認的に規定しています（改正法附則34①一カッコ書、イ）。

　※　消費税法施行令17条2項7号ロは、非居住者に対して行われる「役務の提供」のうち、「国内における飲食又は宿泊」は、輸出免税の対象とならない旨を規定しています。

　これは、食料の調達であれば税負担を軽減するが、レストランサービスには通常の税負担を求めるものであるといえます。

　この線引きにより、ファストフード店の「持帰り」、喫茶店や蕎麦屋の「出前」には軽減税率が適用され、「店内飲食」には標準税率が適用されることとなりました。

（1）飲食店業等を営む者

　「飲食店業等を営む者」とは、食品衛生法施行令に規定する飲食店営業、喫茶店営業その他の飲食料品をその場で飲食させる事業を営む者をいうものとされていますが、このような業種に限らず、飲食設備のある場所において飲食料品を飲食させる役務の提供を行う全ての事業者が該当します（改正令附則3①、軽減通達7）。

(2)　飲食設備

　テーブル、椅子、カウンターその他の飲食に用いられる設備（飲食設備）とは、飲食料品の飲食に用いられる設備であれば、その規模や目的を問わず、飲食のための専用の設備である必要もありません。次のような設備も、「飲食設備」に該当します（改正法附則34①一イ、軽減通達8）。

> ・テーブルのみ、椅子のみ、カウンターのみの設備
> ・飲食目的以外の施設等に設置されたテーブル等で飲食に用いられる設備

①　立ち食いそば

　立ち食いそばのカウンターは、「飲食設備」に該当します。したがって、立ち食いそばは、軽減税率の対象ではありません（Q＆A個別事例編問64）。

②　セルフサービス

　セルフサービスの飲食店であっても、顧客にその店舗のテーブル、椅子、カウンター等の飲食設備を利用させて、飲食料品を飲食させているので、軽減税率の適用対象となりません（Q＆A個別事例編問50）。

③　屋台や移動販売車における飲食料品の提供

　飲食料品の提供を行う者と設備を設置又は管理する者（設備設置者）が異なる場合であっても、飲食料品の提供を行う者と設備設置者との間の合意等に基づき、その飲食設備を飲食料品の提供を行う者の顧客に利用させることとしているときは、「飲食設備」に該当します（軽減通達9）。

　例えば、屋台や移動販売車の営業は、次のように判断します（Q&A個別事例編問51、66）。

・テーブル、椅子、カウンター等がない ・公園などの公共のベンチ等を顧客が使用することもあるが、特段の使用許可等をとっておらず、その他の者も自由に使用している	・屋台の経営者自らテーブル、椅子、カウンター等を設置している ・自ら設置はしていないが、ベンチ等の設備設置者との合意に基づき、これを使用して飲食させている
↓	↓
飲食設備がない	飲食設備がある
↓	↓
飲食料品の譲渡（軽減税率）	食事の提供（標準税率）

　設備設置者との合意等に基づきその設備を使用して飲食させているかどうかについて、「合意等」は、契約書等で明らかにされている明示的な合意のみならず、「黙示の合意」も含みます。

　「黙示の合意」とは、飲食料品を提供する事業者が、設備設置者との明示の合意なく自らの顧客にその設備を使わせていることが設備設置者に黙認されており、かつ、飲食料品を提供する事業者がその設備を「管理支配しているような状況」をいいます。また、ここでいう「管理支配しているような状況」とは、例えば、その設備にメニュー等を設置、顧客を案内、配膳、下膳、清掃を行っているなど、自らの飲食設備として利用させている状況が挙げられます（Ｑ＆Ａ個別事例編問67）。

④　遊園地の売店

　遊園地を運営する会社が、遊園地内で運営する売店において飲食料品を販売する場合、来園者は園内で食べ歩くほか、園内に点在するベンチで飲食することもあります。この場合、遊園地という施設全体が「飲食設備」に該当するものではありません。

　売店にとっての「飲食設備」は、例えば、売店のそばに設置したテーブルや椅子など、売店の管理が及ぶものが該当します。園内に点在している

売店の管理が及ばないベンチ等は、その売店にとっての飲食設備に該当するものではないと考えられます。

　したがって、顧客が飲食料品を園内において食べ歩く場合や、売店の管理の及ばない園内に点在するベンチで飲食する場合は、売店にとっては、単に飲食料品を販売しているにすぎないことから、「飲食料品の譲渡」に該当し、軽減税率の適用対象となります（Ｑ＆Ａ個別事例編問68）。

⑤　ショッピングセンターのフードコート

　ショッピングセンターのフードコートにテナントとして出店した場合、フードコートのテーブル、椅子等はショッピングセンターの所有であり、出店している事業者の設備ではありません。このような場合であっても、ショッピングセンターのフードコートが、設備設置者と飲食料品を提供している事業者との間の合意等に基づき、その設備を顧客に利用させることとされている場合には、出店している事業者が行う飲食料品の提供は、飲食設備のある場所において飲食料品を飲食させる役務の提供に該当します。軽減税率の適用対象となりません（Ｑ＆Ａ個別事例編問65）。

(3)　イートイン（店内飲食）とテイクアウト（持帰り）

　飲食店業等を営む者が行うものであっても、飲食料品を「持帰りのための容器に入れ、又は包装をして行う譲渡」は、テーブル、椅子等の飲食設備のある場所において、飲食料品を飲食させる役務の提供には当たらない単なる飲食料品の販売であることから、軽減税率が適用されます（改正法附則34①一イ）。

①　店内飲食か又は持帰りかは買い手が決める

　改正法においては、食事の提供には、「持帰りのための容器に入れ、又

は包装を施して行う譲渡は、含まない」（改正法附則34①一イ）とされていますが、これに該当するかどうかについて、軽減通達11は、「当該飲食料品の提供等を行う時において、例えば、当該飲食料品について店内設備等を利用して飲食するのか又は持ち帰るのかを適宜の方法で相手方に意思確認するなどにより判定することとなる。」としています。店内飲食か又は持帰りかは、買い手が決めることになります。

②　店内飲食に持帰りの包装をした場合

　軽減通達11は、さらに「課税資産の譲渡等の相手方が、店内設備等を利用して食事の提供を受ける旨の意思表示を行っているにもかかわらず、事業者が『持ち帰り』の際に利用している容器に入れて提供したとしても、当該課税資産の譲渡等は飲食料品の譲渡に該当しないのであるから、軽減税率の適用対象とならないことに留意する。」と続けています。

　客の多くが店内で飲食する店において、すべての販売につき持帰り用の包装を行っている例もあることから、このような解釈が示されたものと考えられます。

③　店内飲食と持帰り販売の両方を行っているファストフード店等

　事業者が行う飲食料品の提供が、「食事の提供」に該当するのか、又は「持帰り」に該当するのかは、その飲食料品の提供を行った時において、例えば、その飲食料品について、その場で飲食するのか又は持ち帰るのかを相手方に意思確認するなどの方法により判定するものとされています（軽減通達11、Ｑ＆Ａ個別事例編問58）。

④　イートインコーナーがあるコンビニエンスストア

　イートインコーナーがあるコンビニエンスストアで、ホットスナックや

弁当等を、店内で飲食するか否かにかかわらず、持帰りの際に利用している容器等に入れて販売している場合には、顧客に対して店内飲食か持帰りかの意思確認を行うなどの方法で、軽減税率の適用対象となるかならないかを判定することとされています（軽減通達11、Ｑ＆Ａ個別事例編問52）。

　ただし、大半の商品（飲食料品）が持帰りであることを前提として営業しているコンビニエンスストアにおいては、全ての顧客に店内飲食か持帰りかを質問することを必要とするものではなく、例えば、「イートインコーナーを利用する場合はお申し出ください」等の掲示をして意思確認を行うなど、営業の実態に応じた方法で意思確認を行うこととすることができます（Ｑ＆Ａ個別事例編問52）。日本フランチャイズ協会はこの方法を推奨しています。

⑤　休憩スペースのあるスーパーマーケット

　スーパーマーケットの休憩スペースにおいて顧客に飲食料品を飲食させる場合は、「食事の提供」に該当し、軽減税率の適用対象となりません（改正法附則34①一イ、軽減通達10(3)）。

　したがって、飲食料品の販売に際しては、顧客に対して店内飲食か持帰りかの意思確認を行うなどの方法で、軽減税率の適用対象となるかならないかを判定することとなります。

　その際、大半の商品（飲食料品）が持帰りであることを前提として営業しているスーパーマーケットの場合において、全ての顧客に店内飲食か持帰りかを質問することを必要とするものではなく、例えば、「休憩スペースを利用して飲食する場合はお申し出ください」等の掲示を行うなど、営業の実態に応じた方法で意思確認を行うこととして差し支えありません（Q&A個別事例編問53）。

⑥　飲食禁止

　スーパーマーケットの休憩スペースで、「飲食はお控えください」と掲示を行うなどして実態として顧客に飲食させていないなど、顧客により飲食に用いられないことが明らかな設備については、飲食設備に該当しません。そのため、ほかに飲食設備がない場合には、持帰り販売のみを行うこととなるので、意思確認は不要となります（Q＆A個別事例編問53）。

　「飲食はお控えください」といった掲示を行っていても、実態としてその休憩スペース等で顧客に飲食料品を飲食させているような場合には軽減税率の適用対象となりません。したがって、店内飲食か持帰りかの意思確認を行うなどの方法で、軽減税率の適用対象となるかならないかを判定することとなります（Q＆A個別事例編問53）。

⑦　飲食できる物の限定

　多くの種類の飲食物を販売する場合であっても、イートインスペースにおいて、例えば飲み物とパンのみが飲食可能である旨の掲示を行って飲食できる物を限定し、実態として限定した飲み物とパン以外の飲食料品を顧客に飲食させていない場合には、飲み物とパン以外の飲食料品については、持帰り販売のみを行うこととなり、店内飲食か持帰りかを意思確認する必要はありません（Q＆A個別事例編問56）。

　飲み物とパンのみが飲食可能な旨の掲示を行っていたとしても、実態としてそれら以外の飲食料品も顧客に飲食させている場合には、飲み物とパン以外についても店内飲食か持帰りかの意思確認を行うなどの方法で、軽減税率の適用対象を判定することになります（Q＆A個別事例編問56）。

⑧　食品を持ち帰るといって購入した顧客が店内で飲食をした場合

　「店内飲食」と「持帰り販売」のいずれも行っている飲食店等において

飲食料品を提供する場合に、どちらに該当するかは、事業者が飲食料品の譲渡等を行う時に判断することとなります。

　飲食料品を販売する時点で持ち帰ると意思表示した客が、店内で飲食した場合であっても、その事実によって、税率を変更する必要はありません。注文等の時点で「店内飲食」か「持帰り」か適正に判断すれば、その後、顧客がこれを変更しても、その変更によって適用する税率が変更されることはありません（Ｑ＆Ａ制度概要編問11）。

　価格の設定については、72頁以下を参照してください。

⑨　店内飲食を希望した客が持帰りに変更した場合

　店内飲食を希望して10％の税率で支払をした客が、その後持帰りに変更し、２％分の税額を返金してくれと要求した場合はどうでしょう。その場で飲食するために提供されたものは、提供の時点で「食事の提供」に該当し、その後、客が意思を変更した場合であっても、適用税率は10％ですから返金すべき差額は生じません。ただし、営業上の考慮から返金に応じることは、禁止されていません。返金した場合、その返金は、10％の売上げに係る対価の返還となります。

　しかし、状況によっては、最初に10％としたのが誤りであり、８％が正しい税率であったと考えるべきということもあり得るでしょう。この場合には、10％で計上した先の売上げを取り消し、あらためて正しい税率８％を適用して売上げを計上することになります。

　ただし、その判断については、次の「⑩　料理の残りの持帰り」と混同しないように注意が必要です。

⑩　料理の残りの持帰り

　その場で飲食するために提供されたものは、提供の時点で「食事の提

供」に該当し、顧客が注文した料理の残りを折り詰めにして持ち帰っても、
「飲食料品の譲渡」に該当せず、軽減税率の適用対象となりません（Q＆
A個別事例編問59）。

⑪　コーヒーチケット

　コーヒーチケットを利用する場合、本体価格を決め、適用される税率ご
との税額を上乗せする価格設定（例えば、本体価格1,000円、店内飲食1,100
円、出前1,080円）では、店内飲食と出前は別々のチケットにしなければ
税率の区分に対応することができません。

　また、コーヒーチケット（物品切手）の発行は、消費税の課税の対象外
です（基通6‐4‐5）。顧客にそのコーヒーチケットと引換えにコーヒー
を提供した時に消費税の課税の対象となります（基通9‐1‐22）。しかし、
このような「コーヒーチケットの販売は課税対象外でコーヒーの提供が課
税売上げ」という両者を区別して認識する方法では、事務が煩雑になるこ
とから、継続適用を要件に、コーヒーチケットを発行した時点で、売上計
上する会計処理と合わせて消費税の課税売上げを認識する方法も認められ
ています。この場合には、店内飲食と出前の共用のコーヒーチケットでは、
たとえ店内飲食と出前の税込価格を同額に設定していたとしても、適用税
率を判定することはできません。

　Q＆A個別事例編問57は、「例えば、店内飲食用のチケットと持ち帰り
用のチケットを区分して発行するといった対応も考えられます」としてい
ます。

⑫　食券方式の食堂

　店頭に設置した自動券売機において食券を販売し、その食券に記載され
た料理を提供する食堂があります。数量管理及び現金管理の省力化、人員

不足の解消、無銭飲食の防止等を図ることができます。

　消費税の課税関係を考えてみると、コーヒーチケットと同様に、食券の販売は課税対象外となり、その食券と引換えに行う料理の提供が課税資産の譲渡等になります。しかし、そのような処理は現実的ではありません。ほとんど同時に行われる食券の販売と料理の提供とを分ける必要はなく、食券の販売を課税資産の譲渡等としています。この場合にも、店内飲食用の食券と持帰り用の食券とを区分する必要があります。

　食券の発行システムは、タッチパネルメニュー等を取り入れて新商品に即応できるものが普及しています。スマートフォン等によるキャッシュレスに対応するものも多くなっています。このようなシステムは、随時、複数税率に対応したメニューを設定することができると考えられます。

⑬　回転寿司店でパック詰めした寿司を持ち帰る場合

　回転寿司店においては、顧客が食事中に寿司をパック詰めして持ち帰ることがあります。

　「食事の提供」に該当するのか、又は「持帰り」となるのかは、その飲食料品の提供等を行った時点において判定することとされています（改正法附則34①一イ、軽減通達11）。したがって、店内で飲食する寿司と区別されずに提供されたものは、その時点で「食事の提供」に該当し、その後、顧客がパック詰めにして持ち帰ることとしても、「飲食料品の譲渡」に該当せず、軽減税率の適用対象となりません。

　ただし、顧客が持帰り用として注文し、パック詰めにして販売するものは、「飲食料品の譲渡」に該当し、軽減税率の適用対象となります（Q＆A個別事例編問61）。

62

⑭　列車内の弁当の販売

　列車内の食堂施設において行われる飲食料品の提供は、軽減税率の適用対象となりません（改正法附則34①一イ、軽減通達10(5)）。

　他方、旅客列車の施設内に設置された売店や移動ワゴン等による弁当や飲み物等の販売は、次のイ、ロに該当する場合を除き、軽減税率の適用対象となります（軽減通達10（注）2）。

　　イ　座席等で飲食させるための飲食メニューを座席等に設置して、顧客の注文に応じてその座席等で行う飲食料品の提供
　　ロ　座席等で飲食するため事前に予約を受けて行う飲食料品の提供

⑮　映画館の売店での食品の販売

　映画館内に設置された売店で行われる飲食料品の販売は、単に店頭で飲食料品を販売するものなので、「飲食料品の譲渡」に該当し、軽減税率の適用対象となります。

　ただし、売店のそばにテーブル、椅子等を設置して、その場で顧客に飲食させている場合には、「食事の提供」に該当し、持帰りによる販売である場合を除き、軽減税率の適用対象となりません（軽減通達10(4)）。

　持帰りの販売かどうかは、③のファストフード店の判断に準じます。

　映画館の座席での次のような飲食料品の提供は、食事の提供に該当し、軽減税率の適用対象となりません（改正法附則34①一イ、軽減通達10（注）2）。

　　イ　座席等で飲食させるための飲食メニューを座席等に設置して、顧客の注文に応じてその座席等で行う飲食料品の提供
　　ロ　座席等で飲食するため事前に予約を受けて行う飲食料品の提供

⑪　ケータリング

　軽減税率の適用対象となる「飲食料品の譲渡」には、「課税資産の譲渡等の相手方が指定した場所において行う加熱、調理又は給仕等の役務を伴う飲食料品の提供」（いわゆる「ケータリング、出張料理」）は含まれません（改正法附則34①一ロ、軽減通達12）。

(1) 相手方が指定した場所において行う役務

　次の場合は、「ケータリング、出張料理」に該当します（軽減通達12）。

- 相手方が指定した場所で持参した食材等を調理して提供する場合
- 相手方が指定した場所で調理済みの食材を加熱して温かい状態で提供する場合
- 相手方が指定した場所で飲食料品の盛り付けを行う場合
- 相手方が指定した場所で飲食料品が入っている器を配膳する場合
- 相手方が指定した場所で飲食料品の提供とともに取り分け用の食器等を飲食に適する状態に配置等を行う場合

　上記のとおり、盛り付けは、ケータリングに該当します。

　しかし、「コーヒーを持帰り用のカップに注ぐ」等の飲食料品の譲渡に通常必要な行為（取り分け）は、「相手方が指定した場所において行う加熱、調理又は給仕等の役務」ではありません（Q＆A個別事例編問79）。

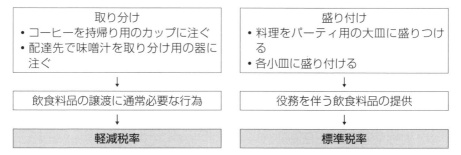

(2) 出前、宅配

　飲食料品を顧客が指定する場所へ運搬することは、税率の判断に影響しません。したがって、相手方が指定した場所で加熱、調理又は給仕等の役務を一切伴わない、いわゆる出前は、「飲食料品の譲渡」に該当し、軽減税率の適用対象となります（軽減通達12）。

　顧客が指定した場所において、役務を行ったかどうかにより判断します。

① そばの出前

　そばの出前は、単に飲食料品を届けるだけであるため、軽減税率の対象です（Q＆A個別事例編問77）。

② ピザの宅配

　宅配ピザの配達は、単に飲食料品を届けるだけであるため、軽減税率の対象です（Q＆A個別事例編問77）。

③ 簡易課税制度の事業区分と税率の判定

　簡易課税制度は、課税資産の譲渡等のすべてを次の6種の事業に区分して、みなし仕入率により控除対象仕入税額を算出します。

第1種事業（卸売業）
第2種事業（小売業）
第3種事業（製造業等）
第4種事業（他のいずれにも該当しない事業）
第5種事業（サービス業等）
第6種事業（不動産業）

　飲食店業は、第4種事業となります。

　出前とは、飲食店が客の指定した場所に飲食物を届けるという飲食店のサービスのひとつです。したがって、簡易課税制度の事業区分においては、出前は、飲食店の本来のサービスの延長線上にあるサービスとして、飲食店業に区分します。

　他方、税率の判断は、「課税資産の譲渡等の相手方が指定した場所において行う加熱、調理又は給仕等の役務を伴う飲食料品の提供」であるかどうかにより判断することとされているので、相手方が指定した場所で加熱、調理又は給仕等の役務を一切伴わない出前は、軽減税率の対象となる飲食料品の譲渡に該当することになります。第4種事業の売上げは、軽減対象資産の譲渡等とそれ以外の2つに区分しなければなりません。

　また、飲食設備を設置しないピザの宅配事業はそもそも飲食店業ではありません。ピザの宅配は、自己が製造したピザを店頭販売に代えて客が指定した場所に届ける形式の販売であるということになります。したがって、簡易課税制度では第3種事業（製造業等）に該当し、適用する税率は軽減税率となります。

(3)　有料老人ホーム、学校給食

　有料老人ホームや小中学校などで提供される給食等は、これらの施設で日常生活や学校生活を営む者（入居者等）の求めに応じて、その施設の設置者等が調理等をして提供するものですから、ケータリングサービスに該当します。

　しかし、こうした給食等は、その都度自らの選択で受けるものではなく、日常生活や学校生活を営む場において他の形態で食事をとることが困難なことから、これらの施設の設置者等が提供する飲食料品を食べざるを得ないという面があります。

　そこで、次の給食等については、ケータリングサービスには該当しない飲食料品の譲渡（軽減税率の対象）とされています（改正法附則34①一ロ、改正令附則3②）。

①　軽減税率の対象範囲

　軽減税率の対象となる給食の範囲は、次のとおりです（Ｑ＆Ａ制度概要編問10）。

施設	軽減税率の対象となる飲食料品の提供^(※1、2)
有料老人ホーム（老人福祉法29①）	有料老人ホームの設置者又は運営者が、入居者^(※3)に対して行う飲食料品の提供
サービス付き高齢者向け住宅（高齢者の居住の安定確保に関する法律5①）	サービス付き高齢者向け住宅の設置者又は運営者が入居者に対して行う飲食料品の提供
義務教育諸学校（学校給食法3②）の施設^(※4)	義務教育諸学校の設置者が、その児童又は生徒の全て^(※5)に対して学校給食として行う飲食料品の提供
夜間課程を置く高等学校（夜間課程を置く高等学校における学校給食に関する法律2）の施設	高等学校の設置者が、夜間課程で教育を受ける全ての生徒^(※5)に対して夜間学校給食として行う飲食料品の提供
特別支援学校の幼稚部又は高等部（特別支援学校の幼稚部及び高等部における学校給食に関する法律2）の施設	特別支援学校の設置者が、その幼児又は生徒の全て^(※5)に対して学校給食として行う飲食料品の提供
幼稚園（学校教育法1）の施設	幼稚園の設置者が、その幼児の全て^(※5)に対して学校給食に準じて行う飲食料品の提供
特別支援学校の寄宿舎（学校教育法78）	寄宿舎の設置者が、寄宿する幼児、児童又は生徒に対して行う飲食料品の提供

（※1）次の基準が設けられています。
　　〔一食当たりの基準額〕飲食料品の提供の対価の額（税抜）が一食につき640円以下
　　〔一日当たりの上限額〕同一の日に同一の者に対する飲食料品の提供の対価の額（税抜）の累計額が1,920円に達するまで。
　　一日当たりの上限額の算定は、原則として、その日の一番初めに提供される食事の対価の額から累計して判定することになりますが、各施設の設置者等が、算定対象となる飲食料品の提供をあらかじめ書面により明らかにしている場合には、

当該明らかにしている飲食料品の提供の対価の額の累計額によって一日当たりの上限額を判定することも可能とされています。
（※２）有料老人ホーム等で提供される食事のうち介護保険サービスの一環として提供されるものは、（介護保険給付の対象ではありませんが）原則として消費税の非課税対象となります。自己選定による特別な食事に当たる部分については非課税対象から除かれ、標準税率が適用されます。
（※３）有料老人ホームとは、老人を入居させ、入浴、排せつ若しくは食事の介護、食事の提供又はその他の日常生活上必要な便宜の供与を行う施設を広く指すことから（老人福祉法29①）、その施設の入居者の中には老人以外の者も含まれ得ます。そのため、軽減税率の対象となる給食等の提供を受けることができる有料老人ホームの入居者の範囲について、サービス付き高齢者向け住宅の入居要件を参考として、次の基準が設けられています（改正規附則６）。
　①　60歳以上の者
　②　要介護認定又は要支援認定を受けている60歳未満の者
　③　①又は②に該当する者と同居している配偶者（事実上婚姻関係にある者を含みます。）
（※４）義務教育諸学校とは、小学校、中学校、義務教育学校、中等教育学校の前期課程又は特別支援学校の小学部若しくは中学部をいいます（学校給食法３②）。
（※５）アレルギーなどの個別事情により全ての児童又は生徒に対して提供することができなかったとしても軽減税率の適用対象となります。

②　学生食堂

　学生食堂や社員食堂における食事の提供は、それが学生の支援や社員の福利厚生のために行われるものであっても、上記に該当せず、軽減税率の適用対象となりません。

③　病院の給食

　健康保険法等の規定に基づく入院時食事療養費に係る病院食の提供は、非課税です（消法６①、消法別表１六、消令14）。

　他方、患者の選択により、特別メニューの食事の提供を受けている場合に支払う特別の料金は、非課税となりません。また、病室等で役務を伴う飲食料品の提供を行うものであり、「飲食料品の譲渡」に該当せず、軽減税率の適用対象にもなりません（改正法附則34①一ロ、Ｑ＆Ａ個別事例編問82）。

⓬ 軽減税率と標準税率の具体例

(1) 食品表示法に規定する食品であるかどうか

【軽減税率】	【標準税率】
・ミネラルウォーターなどの飲料水	・水道水（ペットボトルに入れて食品として販売する場合を除く）
・ウォーターサーバー用の飲料水	・ウォーターサーバーのレンタル
・食用として販売される塩	・工業用として販売される塩
・食用のかき氷に用いられる氷や飲料に入れて使用される氷などの食用氷	・ドライアイスや保冷用の氷
・おやつや製菓の材料用など、人の食用として販売されるかぼちゃの種	・果物の苗木など栽培用として販売される植物及びその種子
・コーヒーの生豆	・生豆の焙煎加工
・食用の籾（もみ）	・人の飲用又は食用に供されるものではない「種籾（たねもみ）」
・人の食用として販売される活魚などの水産物	・生きている牛、豚、鳥などの畜産用の家畜
・ペットも食べられる食品	・人が食べても害のない食材を使用したペットフード ・牛や豚等の家畜の飼料
・賞味期限が近い食品の安売り	・賞味期限切れの食品を廃棄するための譲渡
・金箔（食品添加物として販売）	・工業用の金箔
・食用及び清掃用に使用できる重曹（食品添加物として販売） ・化粧品メーカーが化粧品の原料として購入する食用添加物の販売	・清掃用の重曹 ・食品添加物に該当するものを食用でない工業用材料として販売
・医薬品等に該当しない栄養ドリンク ・特定保健用食品、栄養機能食品 ・医薬品等に該当しない健康食品や美容食品	・「医薬品」「医薬部外品」「再生医療等製品」に該当する栄養ドリンク
・食品添加物として販売される炭酸ガス ・炭酸ガスが充てんされたボンベ（ボンベ代金無料）	・炭酸ガスとは別料金のボンベ代
・ガラス瓶入りの飲料	・使用後の空き瓶の有償の回収

・インターネット等を利用した飲食料品の通信販売 ・送料込みの飲食料品の販売	・別料金の送料

(2) 酒類に該当するかどうか

【軽減税率】	【標準税率】
・みりん風調味料（アルコール分が1度未満）	・みりん
・料理酒などの発酵調味料（アルコール分が1度以上であるものの塩などを加えることにより飲用できないようにしたもの）	・料理に使用する目的で購入する日本酒
・日本酒を製造するための米	・日本酒
・酒類を原料に使用したケーキやチョコレート	・お菓子の原料として販売するワインやブランデー
・アルコール分が1度未満の甘酒	・アルコール分が1度以上のかき氷
・ノンアルコールビール	・ビール、発泡酒

(3) 食品以外の提供を伴う場合に軽減税率の対象となるかどうか

【軽減税率】	【標準税率】
・無償の包装紙で包んだ食品の販売	・別料金のラッピング代
・キャラクターを印刷したビニール袋、プラスチック容器、紙箱、缶箱等に入れたお菓子の販売 （装飾品や玩具等に該当しない缶箱等）	・食品の販売に使用する包装材料の仕入れ ・キャラクター印刷代
・割り箸、よう枝、スプーン、お手拭き等を付帯した弁当の販売	・別料金の食器具等の販売
・保冷剤を付けた洋菓子の販売	・別料金の保冷剤代
・果実の名称を直接墨書きした桐の箱入りの果実の販売	・食器として使用されると考えられる重箱入りのお節料理の販売（1万円超）

・食品と食品以外が入った税込売価10,800円の福袋（仕入対価の割合は、食品が３分の２以上）	・食品と食品以外が入った税込売価10,800円の福袋（仕入対価の割合は、食品が３分の２未満）
・税込売価10,800円の紅茶とティーカップのセット商品（紅茶の仕入れ2,000円、ティーカップの仕入れ1,000円）	・税込売価10,800円の紅茶とティーカップのセット商品（紅茶の仕入れ2,000円、ティーカップの仕入れ1,100円） ・税込売価11,000円の紅茶とティーカップのセット商品（紅茶の仕入れ2,000円、ティーカップの仕入れ1,000円） ・単品では各5,000円、セット販売なら9,000円と表示した紅茶とティーカップのセット販売 　→　紅茶は軽減税率、ティーカップは標準税率
・仕入れに軽減税率が適用されたおもちゃ付きお菓子の販売（税込売価10,800円以下）	・仕入れに軽減税率が適用されなかったおもちゃ付きお菓子の販売

（4）食事の提供（外食）又はケータリングに該当するかどうか

【軽減税率】	【標準税率】
・ハンバーガー店等のテイクアウト	・ハンバーガー店等の店内飲食
・顧客が購入時に持帰りの意思表示をしたハンバーガーの販売	・顧客が購入時に店内飲食の意思表示をしたハンバーガーの販売 ・ハンバーガーとドリンクのセットについてドリンクのみを店内飲食の意思表示（セット全体が標準税率）
・フードコートのテイクアウト	・フードコートの飲食
・そば屋の出前	・そば屋の店内飲食
・ピザの宅配	・ピザ屋の店内飲食
・持帰り用に注文した寿司の持帰り	・寿司屋での店内飲食
・店内飲食と別に注文した寿司屋の「お土産」	・店内で飲食する寿司と区別なく提供したものを客が自由に持帰り
・イートインとは別に注文したテイクアウト用の食品	・飲食した残り料理の持帰り
・レストランにおけるレジ前のお菓子の販売 ・レストランへの食材の販売	・レストランにおける食事の提供

・屋台での軽食（テーブル、椅子等の飲食設備がない） ・公園のベンチの前に出した屋台の軽食（ベンチの使用許可等なし）	・屋台の軽食（テーブル、椅子、カウンター等の飲食設備で飲食させる） ・公園のベンチの前に出した屋台の軽食（ベンチの使用許可等あり）
・遊園地の売店が食べ歩き用のお菓子を販売	・遊園地の売店が自ら管理するベンチ等で飲食するお菓子を販売
・コンビニの弁当・惣菜 （「イートインはお申し出ください」と張り紙をした場合に、その申し出がなく持帰り用に包装した飲食料品の販売）	・コンビニのイートイン・コーナーでの飲食を前提に提供される飲食料品 ・返却の必要がある食器に盛られたもの
・ドリンクだけが可能な休憩場所のあるスーパーマーケットが行う総菜の販売	・休憩場所で飲むと意思表示したドリンクの販売
・飲食設備がない店舗での飲食物の販売 ・従業員がバックヤードで飲食する弁当の販売	・立食用のカウンターでの立食 ・セルフサービスの飲食 ・飲食店で、飲料をコップに入れず、缶又はペットボトルのまま提供
・コーヒーを持帰り用のカップに注いで販売	・持帰り用のカップを使用したが、顧客が飲食施設で飲食すると意思表示
・ホテルの冷蔵庫にあるジュースの販売 ・ホテルの部屋に置かれたお菓子の販売	・食事付きの宿泊サービス ・ホテルの宴会場、会議室での食事の提供 ・ホテルの冷蔵庫にあるビールの販売 ・ホテルのルームサービス
・映画館や球場などの売店や弁当の移動販売	・顧客の注文に応じてその座席等で行う食事の提供
・列車、新幹線のワゴンサービスの弁当販売 ・格安航空会社（LCC）などの弁当の販売	・食堂車における食事の提供 ・機内食の提供 ・食事付き予約列車における座席での飲食
・自動販売機により行われるジュース、パン、お菓子等の販売	・自動販売機の販売手数料
・会社宛ての領収書で実費精算する弁当代	・食事代として支給する出張の日当
・顧客の指定した場所に届けるだけの仕出し料理の販売	・顧客の指定した場所で配膳を行う仕出し料理の販売

・企業の会議室に届ける宴会用の料理の販売	・企業の会議室などで給仕するケータリング ・カラオケ店での料理の提供
・喫茶店が会議室までコーヒーを配達	・届けた会議室で給仕等の役務の提供
・配達先で味噌汁を取り分け用の器に注ぐ	・配達先で器に注いだ味噌汁を各席に配膳
・調理用に加工した食材の宅配	・食材を持ち込んで行う出張料理、料理代行サービス ・家事代行サービス
・学校給食、老人ホーム等での食事提供	・学生食堂、企業の社員食堂 ・病院の給食（非課税にならないもの） ・老人ホームから受託した給食の調理
・果物狩りで収穫した果物を別途対価を徴収して販売 （潮干狩りや釣り堀等における販売も同様）	・果樹園での果物狩り（顧客に果物を収穫させ、その場で飲食させる）の入園料 （潮干狩りや釣り堀等も同様） ・飲食料品のお土産付きパック旅行 （お土産代を明示していても） ・バーベキュー施設が行うバーベキュー用の食材の提供

⓭ 価格の設定と表示方法

（1）飲食料品の販売価格

　飲食料品の譲渡は軽減税率、食事の提供は軽減税率の対象外という線引きにより、ファストフード店の「持帰り」、喫茶店やそば屋の「出前」には軽減税率が適用され、「店内飲食」には標準税率が適用されることとなります。

　したがって、これらの外食店舗では、同一の商品について、提供方法の違いによって異なる税率が適用されるのであり、その販売価格をどのように設定するのかを検討する必要があります。

　飲食料品の販売について、どのような価格設定を行うかは、事業者の任

意です。販売価格の考え方は、次の①又は②に大別することができます。

① **本体価格に税率ごとの税額を乗せる方法**

　ひとつは、本体価格を決定し、適用税率に応じた税額相当額を上乗せする方法です。

　これは、軽減税率の趣旨に沿った価格設定であるといえます。同一の食品であっても、持ち帰る場合の対価は安く、外食を楽しむ場合の対価は高くなるという趣旨です。

　事業者においては、受領した対価によりいずれの税率をもって販売したのかが明らかですから、課税資産の譲渡等に係る税率ごとの区分に裏付けがあり、申告書に記載した課税標準額の信頼性は高いといえます。

ａ．店内飲食と持帰り

　例えば、ファストフード店が、ハンバーガーの税抜価格を300円に設定すると、顧客が支払う金額は、持帰りであれば324円、店内飲食であれば330円になります。

```
ファストフード店：ハンバーガーの税抜価格を300円に設定
　　　　　　　　　　テイクアウト（8％）　→　税込価格324円
　　　　　　　　　　店内飲食（10％）　→　税込価格330円
```

　転嫁対策特別措置法は、令和3年3月31日までの特例措置として、税抜価格による表示を容認しています。したがって、この価格設定においては、総額表示とするか否かという検討も必要になります。

　ただし、メニュー表示にかかわらず、顧客が仕入税額控除を行う事業者であることを想定した領収書やレシートの記載を検討するべきでしょう。

　メニューの表示は、次のようなものが考えられます。

【総額表示のメニューの例】

```
            メニュー
ハンバーガー            330円
                      （324円）
オレンジジュース         165円
                      （162円）
○○セット              550円
                      （540円）
※下段はテイクアウトの値段となります。
```

```
            メニュー
ハンバーガー            330円
オレンジジュース         165円
○○セット              550円
※テイクアウトの場合、税率が異なります
 ので、別価格となります。
```

【総額表示をしないメニューの例】

```
            メニュー
本体価格（税額：店内飲食／テイクアウト）
ハンバーガー        300円（30円／24円）
オレンジジュース     150円（15円／12円）
○○セット          500円（50円／40円）
```

```
            メニュー
ハンバーガー          300円（税抜）
オレンジジュース       150円（税抜）
○○セット            500円（税抜）
※店内飲食とテイクアウトでは、税率が異
 なりますので消費税額が異なります。
```

ｂ．店内飲食と出前

　また、そば屋が、かけそばの税抜価格を700円に設定すると、顧客が支払う金額は、出前であれば756円、店内飲食であれば770円になります。

そば屋：かけそばの税抜価格を700円に設定

　　　　　　　　　　　出前（8％）　→　税込価格756円
　　　　　　　　　　　店内飲食（10％）　→　税込価格770円

　この価格設定は、顧客の消費行動に中立ではありません。貴重な昼休み、寒空に行列を並んで店内に入った顧客が次のようなメニューを見て、どう感じるでしょうか。明日は出前にしよう、暖かい社内から電話をすればいい、と考えるかもしれません。出前の割合が増加すれば、そば屋の税抜きの売上高は同じでも、費用の額や人件費等の比率に変化が生じるものと考えられます。

【総額表示のメニューの例】

メニュー

	店内飲食	（出前）
かけそば	770円	（756円）
天ぷらそば	990円	（972円）
天丼	880円	（864円）

出前メニュー

かけそば	756円
天ぷらそば	972円
天丼	864円

※店内飲食の場合、税率が異なりますので、別価格となります。

【総額表示をしないメニューの例】

```
            出前メニュー
かけそば              700円 ＋ 56円
天ぷらそば            900円 ＋ 72円
天丼                 800円 ＋ 64円
※店内飲食の場合、税率が異なるため消費税
  額が異なります。
```

```
出前メニュー
かけそば              700円 ＋ 税
天ぷらそば            900円 ＋ 税
天丼                 800円 ＋ 税
※出前と店内飲食では、税率が異なります
  ので消費税額が異なります。
```

ｃ．イートイン脱税

　店内飲食と持帰りの価格が異なる場合、持帰りを選択し安い対価を支払い、その場で飲食する顧客が現れます。令和元年12月、小学館が主催する「大辞泉が選ぶ新語大賞2019」の大賞に「イートイン脱税」が決定しました。投稿語釈によれば、イートイン脱税は、「食品を持ち帰り税率の8パーセントで会計して、イートインで食べること。本来であればその場で食べる場合は税率10パーセントで会計しなければならない」と説明されています。

　脱税といっても、消費者は消費税の納税義務者ではありませんから、直接、課税処分を受けることはなく、そのモラルが問われるに過ぎません。あえていうならば詐欺罪が成立するでしょうか。ここで、「正義マン」が登場します。イートイン脱税を監視して店員に告発する常連客です。しかし、告発を受けても、退店を求めたり追加の税を徴収したりするのは難しいと考えられます。なお、すでに計上した課税売上げの税率を遡って変更する必要はありません（Ｑ＆Ａ制度概要編問11）。

②　税込価格を一律にする方法

　上記のような混乱を想定して、また、オペレーションの複雑化を避ける
ため、適用する税率にかかわらず、販売価格を税込みで一律にする方法を
採用する事業者もあります。価格の設定は事業者の自由ですから、当然に
認められます。

a．店内飲食と持帰り

　ファストフード店がハンバーガーの価格を持帰りか店内飲食かにかかわ
らず一律330円に設定した場合、税抜売上高は、顧客が持帰りを選択する
と306円になり、店内飲食を選択すると300円になります。

```
ファストフード店：ハンバーガーの税込価格を一律330円に設定
　　　　　　　　　テイクアウト（8％）　→　税抜売上高　306円
　　　　　　　　　店内飲食　　（10％）　→　税抜売上高　300円
```

【メニュー表示の例】

```
　　　　　　　　　メニュー
チーズバーガー　　　　　　　　330円
リンゴジュース　　　　　　　　180円
△△セット　　　　　　　　　　600円
```

　顧客が支払う金額が一定なので、レジにおける混乱を避けることができ
ます。

　ただし、軽減税率は、消費者の負担を少なくするという制度の趣旨とは
違って、事業者の利益を変動させるだけです。顧客が持帰りを選択すれば、
事業者の課税売上高が大きくなり納税額が減少します。店内飲食を選択す
れば課税売上高が小さくなり納税額が増加します。筆者が取材したところ、
持ち帰るといったのに10％のレシートを交付されたり、また逆に店内飲食

といったのに軽減税率のレシートを交付されたりする例が散見されました。税務調査においては、適用税率が正しいことを説明することが困難になると考えられます。

　また、持帰りであれば安く購入できるという期待感から、顧客が不満を持つ可能性もあります。「テイクアウトには容器包装等の追加的コストが生じている」「従業員教育の簡素化の必要がある」「価格を一律にすることによってコストパフォーマンスを改善して商品価格の値下げを実現している」「レジにおける間違いを防止する」「価格表示のわかりやすさを確保する」等、税込価格を一律にした理由を整理しておく必要があります。

ｂ．店内飲食と出前

　また、そば屋が、かけそばの税込価格を一律770円に設定すると、出前の税抜売上高は713円になり、店内飲食の税抜売上高は700円になります。

そば屋：かけそばの税込価格を770円に設定		
出前（8％）	→	税抜売上高　713円
店内飲食（10％）	→	税抜売上高　700円

【メニュー表示の例】

メニュー	
かけそば	770円
天ぷらそば	1,000円
かつ丼	900円

　そば屋が税込価格を一律にする理由は、出前については配送料分のコストが大きいためや、店内飲食の需要を喚起するため等ということになるでしょう。

ｃ．消費税の転嫁を阻害する表示の禁止

　広告や店内の価格表示については、転嫁対策特別措置法による規制と緩和を踏まえて、検討しなければなりません。

　転嫁対策特別措置法は、あたかも消費者が消費税を負担していない又はその負担が軽減されているかのような誤認を消費者に与えないようにするとともに、納入業者に対する買いたたきや競合する小売事業者の消費税の転嫁を阻害することにつながらないようにするため、事業者が消費税分を値引きする等の宣伝や広告を行うことを禁止しています（175頁参照）。「店内飲食の税率も８％にしています」といった表示は認められません。

　価格決定のスタンスについてアナウンスを行う場合には、この規制に留意する必要があります。

(2)　価格設定の傾向

　単一税率制度においては、比較的、(1) の「①　本体価格に税率ごとの税額を乗せる方法」が多かったように見受けられます。税率８％の引上げまで、「便乗値上げは、いけません」と政府がアナウンスしていた効果であると考えられます※。

　しかし、商品の価格は、自由競争の下で市場条件を反映して決定されるものですから、全ての商品について、税率引上げに見合う一律に単純な値上げができるわけではありません。顧客のニーズ、商品ごとの利益率、値上げによる需要の変化、コストの変化、競合他社の動向等を調査した上で、過去の経験から駆け込み需要と反動減の影響を分析し、事業全体で利益を確保するための価格設定や販売計画を立案する必要があります。

　商品価格の設定は、需要に応じた事業者の自由な選択以外にはありえないのであり、現在では、(1) の「②　税込価格を一律にする方法」を採用する事業者も多くなっています。事業者は、自らの経営手腕を発揮する

重要局面と捉えるべきです。

　「現状の把握、分析、問題点の確認、検討、判断、決定事項の整理、マニュアル化、社内情報の共有」といった作業ステップを整理して進めていくべきでしょう。従業員への周知と教育は必須であり、また、価格交渉における営業担当者の裁量の範囲等についても検討しておく必要があります。

※「便乗値上げは、いけません」から「自由な価格設定」へ

　平成26年4月の税率引上げまでは、消費者保護の立場から便乗値上げが問題視されました。内閣官房、内閣府、公正取引委員会、消費者庁、財務省が策定した「消費税の円滑かつ適正な転嫁のために」は、「便乗値上げは、いけません。」と題して、「事業者が、他に合理的な理由がないにもかかわらず、税率の上昇に見合った幅以上の値上げをする場合、それは便乗値上げである可能性があります」とアナウンスしています。

　しかし、便乗値上げについて法律上の定義はなく、罰則等も設けられてはいません。

　平成30年11月28日に公表された価格設定のガイドライン[8]では、対消費者取引について、税率引上げ前後の駆け込み需要と反動減を防止するため、税率引上げの日に一律一斉に税込価格を引き上げるのではなく、税率引上げの前後において、需要に応じて事業者のそれぞれの判断によって自由に価格を設定することを推奨しています。

　この考え方からは、適用される税率にかかわらず税込価格を設定する方法が導かれることになります。

8　消費税率の引上げに伴う価格設定について（ガイドライン）（内閣官房、公正取引委員会、消費者庁、財務省、経済産業省、中小企業庁、平成30年11月28日）。

Ⅳ　飲食料品の輸入

　保税地域から引き取られる課税貨物のうち、「飲食料品」に該当するものについては、軽減税率が適用されます（改正法附則34①一）。

❶　飲食料品の範囲

　課税貨物が「飲食料品」に該当するかどうかは、輸入の際に、人の飲用又は食用に供されるものとして輸入されるかどうかにより判定します（Q＆A個別事例編問39）。

　したがって、人の飲用又は食用に供されるものとして保税地域から引き取った課税貨物は、その後、国内において飼料用として販売した場合であっても、その輸入が軽減税率の適用対象であることに変わりはありません（Q＆A個別事例編問40）。その後の国内における販売には、標準税率が適用されます。

❷　一体貨物

　食品と食品以外の資産が一の資産を形成し、又は構成している外国貨物であって、関税定率法別表の適用上の所属の一の区分に属する物品に該当するものを「一体貨物」といい、その適用税率は、一体資産と同様に判断します（改正令附則2二）。

❸ 輸入の消費税

令和元年10月1日以後に行う輸入に旧税率が適用されることはありません。

輸入の許可を受ける際に、税関において飲食料品の輸入と認められた場合には、輸入許可書に6.24％の消費税額が記載され、飲食料品の輸入ではないと判断された場合には、輸入許可書に7.8％の消費税額が記載されます。

また、輸入に係る消費税額は、国内における課税仕入れのように、その税込支払対価の額の合計額に税率を適用して計算するものではありません。その課税期間における保税地域からの引取りに係る課税貨物につき課された又は課されるべき消費税額の合計額が控除対象仕入税額の計算の基礎となります。つまり、輸入に係る消費税額は、輸入許可書に記載された消費税額を個別に積み上げる方法によってのみ把握することができるのです。

令和元年10月1日以後も、従来どおり、輸入許可書に記載された消費税額を個別に積み上げる集計を行うことになります。

　定期購読契約による新聞の譲渡

「定期購読契約が締結された新聞（一定の題号を用い、政治、経済、社会、文化等に関する一般社会的事実を掲載する1週に2回以上発行する新聞に限る。）の譲渡」は軽減税率の対象となります（改正法附則34①二）。

❶　新聞とは

出版物について、「新聞」「書籍」「雑誌」は一般的な呼称であって、これらを区分する客観的な規定は存在しません※。

> ※　独占禁止法についての公正取引委員会の告示には、「日刊新聞」について「一定の題号を用い、時事に関する事項を日本語を用いて掲載し、日日発行するもの」という定義があります。

そこで、軽減税率の対象は、「定期購読契約が締結された新聞（一定の題号を用い、政治、経済、社会、文化等に関する一般社会的事実を掲載する1週に2回以上発行される新聞に限る。）の譲渡」（改正法附則34①二）とされました。

「一定の題号を用い、政治、経済、社会、文化等に関する一般社会的事実を掲載する1週に2回以上発行する新聞」であれば、一般紙、スポーツ紙、業界紙、政党機関紙、全国紙、地方紙、英字紙などの区別はなく、性風俗の記事を掲載しているかどうか等の区別もありません。

❷　1週に2回以上発行する新聞

「1週に2回以上発行する新聞」とは、通常の発行予定日が週2回以上とされている新聞をいいます。国民の祝日や通常の頻度で設けられている

新聞休刊日によって発行が１週に１回以下となる週があっても「１週に２回以上発行する新聞」に該当します（改正法附則34①二、軽減通達14、Ｑ＆Ａ個別事例編問83）。

　また、例えば、送料等の関係から、「１週に２回以上発行する新聞」を取りまとめて１週に１回送付するような場合であっても、定期購読契約に基づくものであれば、軽減税率の適用対象となります。

❸　販売方法による線引き

　同じ新聞でも、定期購読で宅配される場合には８％の軽減税率が適用され、駅やコンビニで販売される場合には10％の標準税率が適用されることになります。

❹　電子版

　新聞の電子版の配信は、新聞に記載された情報をインターネットを通じて提供するものです。電子書籍と同様に「電気通信利用役務の提供」であり、「新聞の譲渡」ではありませんから、軽減税率の対象になりません（Ｑ＆Ａ個別事例編問84）。

❺　「書籍」「雑誌」の検討

　「書籍」「雑誌」については、軽減税率の対象から有害図書、不健全図書を排除しなければならないという課題がありますが、現状、これらを青少年に購入させないための取扱いは、出版社や販売店の自主努力に依拠しています。平成28年与党大綱では、「その日常生活における意義、有害図書

排除の仕組みの構築状況等を総合的に勘案しつつ、引き続き検討する」とされています。

「書籍」「雑誌」を検討事項としたことについて、日本書籍出版協会、日本雑誌協会、日本出版取次協会、日本書店商業組合連合会の出版4団体は、平成28年与党大綱が公表された平成27年12月16日、「本日決定の与党税制改正大綱について」と題する声明を発表し、「出版物（書籍、雑誌）は、健全な民主社会の基盤となる重要な知的インフラであり、知力、技術力、国際競争力の源でもあります。また、国の未来を担う子どもたちにとって読書体験は人格形成の基本を構築する上で必要不可欠なものです。新聞と同様、消費税率10％引上げと同時に、出版物に軽減税率が適用されることを強く求めます。」としています。

日本図書館協会も、平成27年12月24日に「図書・雑誌・新聞への消費税軽減税率の適用ができるよう継続的検討を強く求めます。」と題する声明を発表しています。

「平成31年度与党大綱」においても、「軽減税率制度の対象品目に関し、書籍・雑誌等について、平成28年度税制改正大綱に基づき、引き続き検討する」とされました。

VI ポイントの課税関係

　商品の販売促進ツールとしてポイントプログラムが広く普及しています。また、国は、消費税率引上げ後の消費喚起とキャッシュレス推進の観点から、キャッシュレス・消費者還元事業を実施しています。

　これらのポイントプログラムに関する消費税の取扱いを検討します。

　本書では、「ポイント」を次のように定義します。

　不特定多数の者を対象に、資産の譲渡等に伴い付与するポイント又はクーポンその他これらに類する次のもの

①　将来の資産の譲渡等に際して、相手方からの利用（還元）の申出があった場合には、その申出のあった単位数等と交換に、その将来の資産の譲渡等について、値引きして、又は無償により、提供をすることとなるもの

②　その資産の譲渡等に際して、相手方からの利用（還元）の申出があった単位数等に応じて、その資産の譲渡等について、値引きして提供をすることとなるもの

　また、ポイントは、おおむね次のように整理することができます。

自己発行ポイント	発行から利用までその事業者が独自に運営するもの
共通ポイント	他者が運営する共通ポイントプログラムに加入するもの
キャッシュレス・消費者還元事業	消費税率の引上げに伴う政府が運用するポイント還元事業

❶　自己発行ポイント

　自己発行ポイントは、発行から使用まで、その事業者が運営するものです。その事業者が独自に設計することができ、顧客が付与されるポイントを集めて一定量に達した場合に使用できるもの、クーポン券で次回以後の取引に使用できるもの等があります。

(1)　ポイントの付与
①　法人税の取扱い

　法人税においては、自己発行ポイントを付与する資産の販売等で所定の要件を満たすものは、その資産の販売等（以下「当初資産の販売等」といいます。）とは別の取引に係る収入の前受けとすることができるものとされています（法基通2－1－1の7）。これは、収益認識に関する会計基準における次の取扱いに対応するものです。

企業会計基準適用指針第30号　収益認識に関する会計基準の適用指針　48

> 　顧客との契約において、既存の契約に加えて追加の財又はサービスを取得するオプションを顧客に付与する場合には、当該オプションが当該契約を締結しなければ顧客が受け取れない重要な権利を顧客に提供するときにのみ、当該オプションから履行義務が生じる。この場合には、将来の財又はサービスが移転する時、あるいは当該オプションが消滅する時に収益を認識する。

　これを受け、法人税においても、法人が収益認識に関する会計基準に沿ってそのポイントを顧客に付与する重要な権利と認識して負債を計上する場合には、そのポイントに対応する部分を将来の資産の販売等の代金の

前受として、当初資産の販売等の代金を構成しないものとして取り扱うこととされています。

② 消費税の取扱い

　上記のような法人税における取扱いは、消費税の判断に影響しません。消費税法28条1項は、課税標準を「課税資産の譲渡等の対価の額」と定めており、「課税資産の譲渡等の対価の額」とは、「対価として収受し、又は収受すべき一切の金銭又は金銭以外の物若しくは権利その他経済的な利益の額」であって、「その譲渡等に係る当事者間で授受することとした対価の額をいう」（基通10−1−1）ものとされています。

　したがって、次回以後に使用することができるポイント、つまり未だその権利の行使をしないポイントの付与については、消費税の課税関係は生じません。商品の販売について、ポイントを付与したか否かにかかわらず、その商品の販売について受け取る対価の額を資産の譲渡等の対価の額として売上高に計上します。

事例

　11,000円（10％税込み）の売上げにつき、次回以後の購入に使用することができる110円のポイントを付与した。

売り手		買い手	
課税売上げ	11,000	課税仕入れ	11,000

(2) ポイントの使用

　自己発行ポイントの使用については、次の2つの処理が考えられます。

　【値引処理】ポイントの使用を値引きとして、使用後の支払金額を対価とする処理
　【両建処理】ポイントの使用前の金額を対価として、ポイント使用額を課税対象外
　　　　　　　とする処理
---

①　値引処理

　国税庁は、平成30年5月に、「『収益認識に関する会計基準』に沿って会計処理を行った場合の収益の計上額、法人税における所得金額の計算上益金の額に算入する金額及び消費税における課税資産の譲渡等の対価の額がそれぞれ異なることがありますので注意が必要です」とコメントし、その典型例として、91頁の「自社ポイントの付与」を掲げています。

　この資料では、ポイントの使用を「対価の返還等」としていますが、対価の返還等は、いったん実現した課税売上げにつき、返品や値引き等の理由で、先に受け取った対価の額を返還し、又は先に確定した売掛金等の債権の額を減額することをいいます（消法38①）。自己発行ポイントの使用による代金の値引きは、資産の譲渡等の値下げ販売であり、ポイントの利用による値下げ後の金額がその資産の譲渡等の対価の額となるものと考えられます。

②　両建処理

　上述のとおり、国税庁は、自己発行ポイントの使用は、資産の譲渡等の値下げ販売であるとしてきましたが、令和2年1月14日に、92頁の「企業発行ポイントの使用に係る経理処理」を公表しました。

　この資料では、自己発行ポイントの使用は、資産の譲渡等の値下げ販売とする処理（値引処理）に加え、顧客がポイントを使用することによって得られる利益を消費税の課税対象外の収入とする処理（両建処理）が示さ

れています。

　値引処理となるか、あるいは両建処理となるかは、レシートの表示に
よって判断するものとされていますから、消費税の課税関係は、売り手が
いずれの処理を採用するかによって決定することになります。

事例

　11,000円（税込み）の売上げにつき、顧客が110円のポイントを使用した。

売り手が【値引処理】のレシートを発行する場合

売り手		買い手	
課税売上げ	10,890	課税仕入れ	10,890

売り手が【両建処理】のレシートを発行する場合

売り手		買い手	
課税売上げ	11,000	課税仕入れ	11,000
課税対象外の支出	△　110	課税対象外の収入	△　110

　また、86頁の定義に掲げた②は、「即時使用ポイント」です。即時使用
ポイントである場合も同様に、売り手が、値引処理又は両建処理のいずれ
かを選択することになります。

　キャッシュレス・消費者還元事業における国からの補助を受けて行うポ
イントについて即時充当した場合には、そのポイントによる支払額の減額
は、資産の譲渡等とは別に行う金銭の授受であり、値引処理はできません。
キャッシュレス・消費者還元事業に係るポイントの処理の詳細については、
後述します。

ケース1　自社ポイントの付与(論点：履行義務の識別)

家電量販店を展開するA社はポイント制度を運営している。A社は、顧客の100円(税込)の購入につき10ポイントを付与する。ただし、ポイント使用部分については ポイントは付与されない。1ポイントは当該家電量販店グループの1円の商品と交換することができる。X1年度にA社は顧客に 10,800円(税込)の商品を販売し、1,080ポイントを付与した(消化率100%と仮定)。A社は当該ポイントを顧客に付与する重要な権利に認識している。顧客は当初付与されたポイントについて認識しない。なお、消費税率8%とする。

(単位：円)

	合計	法人税の取扱い	消費税の取扱い
商品の売買時	**売手** 現金　10,800　｜　売上※1　　　　9,025 　　　　　　　｜　契約負債※2　　975 　　　　　　　｜　仮受消費税　　800 **買手** 仕入　　　　10,000　｜　現金　10,800 仮払消費税　800　｜	同左	**売手** 課税売上げの対価　10,000 課税売上げに係る消費税額　800 **買手** 課税仕入れの対価　10,000 課税仕入れに係る消費税額　800
ポイント使用時	**売手** (税込1,080円の商品売買時に1,080ポイントが使用された場合) 契約負債　975　｜　売上　975 **買手** (税込1,080円の商品売買時に1,080のポイントを使用した場合) (処理なし)※3		**売手** 　　　　　　　　　　　　　　　税額 課税売上げの対価　1,000　　80 1,000×8%=80 対価の返還等(ポイント分)　△1,000 (1,080×100/108)×8%=80 差引消費税額(80-80)　0 **買手** 　　　　　　　　　　　　　　　税額 課税仕入れの対価　1,000　　80 1,000×8%=80 対価の返還等(ポイント分)　△1,000 (1,080×100/108)×8%=80 差引消費税額(80-80)　0

※1　(値品) 10,000×10,000/(10,000+1,080)=9,025円
※2　(ポイント) 10,000×1,080/(10,000+1,080)=975円
※3　ポイント使用時に仕入値引とする等の複数の処理がある

出所：国税庁「収益認識基準による場合の取扱いの例」(平成30年5月)」1頁

【企業発行ポイントの使用に係る経理処理】

○ 事業者が備品等を購入する際にポイントを使用した場合の経理処理は、次のいずれかの方法が考えられます。
　① 値引処理（ポイント使用後の支払金額を経費算入する処理）
　② 両建処理（ポイント使用前の支払金額を経費算入するとともに、ポイント使用額を雑収入に計上する処理）

【レシートの表示別の仕訳例等】

① ポイント値引

```
レシート
○○ストア
東京都…    2019年10月XX日(土) 16:45
カ゛ム    * 1点    540    540円
プ゛ラシ゛   1点    550    550円
ポイント値引              ▲21円
合 計                  1,069円

8%ダイショウ              530円
(内消費税              39円)
10%ダイショウ             539円
(内消費税              49円)

現金支払                1,069円
*印は軽減税率対象品目
```

② ポイント支払

```
レシート
○○ストア
東京都…    2019年10月XX日(土) 16:45
カ゛ム    * 1点    540    540円
プ゛ラシ゛   1点    550    550円
合 計                  1,090円

8%ダイショウ              540円
(内消費税              40円)
10%ダイショウ             550円
(内消費税              50円)

●●ポイント支払           ▲21円
現金支払                1,069円
*印は軽減税率対象品目
```

(参考：「キャッシュレス消費者還元事業」等が実施する「即時充当」における「即時充当」は、一般的には、上記②のレシートの「●●ポイント支払」が「キャッシュレス還元額」と表示されますが、この場合でも経理処理は変わりません。)

次のいずれかで経理　　　　　<仕 訳 例>

① 値引処理
消耗品費 1,069円 ／ 現金　　　　　　1,069円

② 両建処理
消耗品費 1,090円 ／ 現金　　　　　　1,069円
　　　　　　　　　　雑収入　　　　　　 21円

▶ 各取引の消費税率ごとの区分経理は、次の処理が考えられます。

▶ 左記①の場合の消費税の処理
消耗品費（8％対象）　530円 ／ 現金　1,069円
消耗品費(10%対象)　539円

▶ 左記②の場合の消費税の処理
消耗品費（8％対象）　540円 ／ 現金　　　　　　　　　1,069円
消耗品費(10%対象)　550円 ／ 雑収入（消費税不課税）　21円

※ 消費税の仕入税額控除の適用を受けるためには、区分経理に対応した帳簿及び区分記載請求書等の保存が必要となります。

出所：国税庁「企業発行ポイントの使用に係る経理処理」（令和２年１月14日公表）

(3) 異なる税率の一括販売である場合

① 一括値引きの処理

　軽減対象資産の譲渡等と標準税率が適用される課税資産の譲渡等につき、一括して値引きを行った場合には、それぞれの値引き後の対価の額は、それぞれの資産の値引き前の対価の額等により按分するなど合理的に算出することとなります（軽減通達15）。

　この場合、顧客へ交付する領収書等において、適用税率ごとの値引額又は値引額控除後の対価の額が確認できるときは、適用税率ごとに合理的に区分されているものに該当します（軽減通達15）。資産の譲渡等にあたっての値引き（値下げ）はあくまでも値決めの問題であり、事業者の判断に委ねられているからです。

　軽減対象資産の譲渡等又は標準税率が適用される課税資産の譲渡等のいずれの値引きを行っても、顧客が支払う金額は同じなので、顧客が消費者である場合には、有利不利はありません。しかし、事業者においては、それぞれの対価の額で按分するよりも、標準税率が適用される課税資産の譲渡等から優先して値引きすることで課税標準額に対する消費税額を小さくすることができます。

② ポイント使用につき値引処理を行う場合

　ポイントの使用につき、値引処理を行う場合も同様です。

　国税庁のモデルでは、ほとんどの場合、値引き前の対価の額により按分する例が示されていますが、値引額又は値引き後の対価の額が領収書等の書類により確認できることを要件に、標準税率が適用される課税資産の譲渡等の対価の額から優先して値引きをすることができます（Ｑ＆Ａ個別事例編問93）。

事例

　雑貨4,400円（10%税込み）、牛肉2,160円（8％税込み）を販売し、顧客が110円ポイントを使用した。

　当社では、ポイント使用について値引処理を行っており、その値引きは標準税率が適用される課税資産の譲渡等の対価の額から優先的に行うこととし、次のとおり、税率ごとに値引き後の対価の額をレシート（区分記載請求書等）に表示している。

```
          領 収 書
          ○○マーケット
                     ＸＸ年11月1日
   牛肉  ※          ￥2,160
   雑貨               ￥4,400
   小   計           ￥6,560
   割   引             ￥110
   差引合計           ￥6,450
  10%対象￥4,290     8%対象￥2,160
  ※印は軽減税率対象商品
```

【値引処理】

売り手		買い手	
課税売上げ（標準税率）	4,290	課税仕入れ（標準税率）	4,290
課税売上げ（軽減税率）	2,160	課税仕入れ（軽減税率）	2,160

　買い手は、交付されたレシートの表記から課税仕入れに係る支払対価の額を判断することができます。

❷　共通ポイント

　他者が運営するポイントプログラムに加入する共通ポイントの市場は、「Tカード」のTポイント、「Pontaカード」のPontaポイント、楽天スーパーポイント、dポイントが4強となっています。

　共通ポイントの運営方法には様々なものがありますが、基本のしくみはおおむね次のとおりです。

---

(1)　加盟店Aの商品販売につき、運営会社X社は顧客に対してポイントを付与し、加盟店Aはポイント相当額を運営会社に支払う。

(2)　顧客がポイントを使用した加盟店Bの商品販売につき、運営会社X社は加盟店Bに対して使用されたポイント相当額を支払う。

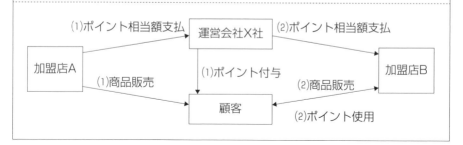

　共通ポイントが消費経済に広く深く浸透していますが、その課税関係については、長く明確な指針が示されず、実務上の処理に迷うこともありました。令和2年1月14日、国税庁は、ようやく、「共通ポイント制度を利用する事業者（加盟店A）及びポイント会員の一般的な処理例」（96頁上段及び97頁）を公表しました。

○　共通ポイント制度を利用する事業者（加盟店Ａ）及びポイント会員の取引の概要

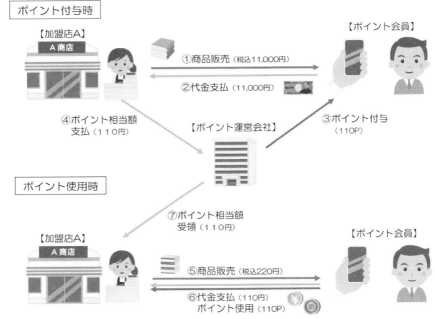

出所：国税庁「共通ポイント制度を利用する事業者（加盟店Ａ）及びポイント会員の一般的な処理例」
　　　（令和２年１月14日公表）

　以下では、加盟店の消費税の課税関係を検討してみましょう。

(1) ポイントの付与

　消費税法28条１項は、課税標準を「課税資産の譲渡等の対価の額」と定めています。「課税資産の譲渡等の対価の額」とは、「対価として収受し、又は収受すべき一切の金銭又は金銭以外の物若しくは権利その他経済的な利益の額」であり、「その譲渡等に係る当事者間で授受することとした対価の額をいう」（基通10−１−１）ものとされています。

　加盟店が行う商品販売に際して、顧客にポイントを付与するのは運営会社です。加盟店は、そのポイントの付与にかかわらず、その商品の販売に

○　共通ポイント制度を利用する事業者（加盟店A）及びポイント会員の一般的な処理例

[前提となる制度の概要]
・B社が運営する共通ポイント制度は、会員が加盟店で100円（税込）の商品を購入することに1ポイントが付与。加盟店はポイント付与分の金銭をB社に支払う。
・1ポイントは1円相当で、加盟店の商品の購入に使用できる。ポイント使用分にはポイントが付与されない。加盟店はポイント使用分の金銭をB社から受領する。
・設例の取引における消費税率は10%とする。

（単位：円）

	会計処理（税抜経理方式）	会計処理（税込経理方式）	消費税の取扱い
ポイント付与時	**売手（加盟店A）**（11,000円（税込）の商品を販売、B社から会員に110ポイント付与） 現金等　11,000／売上　10,000 　　　　　　　／仮受消費税　1,000 ポイント費用　110／未払金　110 **買手（会員）** 仕入　10,000／現金等　11,000 仮払消費税　1,000／	**売手（加盟店A）**（同左） 現金等　11,000／売上　11,000 ポイント費用　110／未払金　110 **買手（会員）** 仕入　11,000／現金等　11,000	**売手（加盟店A）** 課税売上げの対価　10,000 課税売上げに係る消費税額　1,000 ポイント費用（不課税）（注）　110 **買手（会員）** 課税仕入れの対価　10,000 課税仕入れに係る消費税額　1,000
B社への支払時の処理	**加盟店A**（会員に付与された110ポイント相当額をB社へ支払） 未払金　110／現金等　110	**加盟店A**（同左） 未払金　110／現金等　110	**加盟店A** —
ポイント使用時	**売手（加盟店A）**（220円（税込）の商品を販売、会員が110ポイント使用して決済） 現金等　110／売上　200 未収金　110／仮受消費税　20 [この取引にも1ポイント付与されるが、説明の便宜上、省略] **買手（会員）** 消耗品費　200／現金等　110 仮払消費税　20／雑収入　110	**売手（加盟店A）**（同左） 現金等　110／売上　220 未収金　110／ （同左） **買手（会員）** 消耗品費　220／現金等　110 　　　　　　／雑収入　110	**売手（加盟店A）** 課税売上げの対価　200 課税売上げに係る消費税額　20 **買手（会員）** 課税仕入れの対価　200 課税仕入れに係る消費税額　20 雑収入（不課税）　110
B社からの受領時の処理	**加盟店A**（会員が使用した110ポイント相当額をB社から受領） 現金等　110／未収金　110	**加盟店A**（同左） 現金等　110／未収金　110	**加盟店A** —

（注）加盟店（A）とポイント制度の運営会社（B社）との取引については、対価性がないこと（消費税不課税）を前提として処理している。
ポイント制度の規約等の内容によっては、消費税の課税取引に該当するケースも考えられる。

出所：国税庁「共通ポイント制度を利用する事業者（加盟店A）及びポイント会員の一般的な処理例」（令和2年1月14日公表）

ついて受け取る対価の額を資産の譲渡等の対価の額として売上高に計上します。

　また、運営会社に支払うポイント相当額については、規約等に従って、課税取引であるかどうかを判断することになります。

事例1

　加盟店Aは、11,000円（10%税込み）の売上げにつき、共通ポイント110円を付与する手続きを行った。なお、規約によれば、運営会社Xへのポイント相当額の支払は、プログラム利用の対価であると判断される。

加盟店A		顧客	
顧客からの入金		加盟店Aへの支払	
課税売上げ	11,000	課税仕入れ	11,000
運営会社X社への支払		消費税の課税関係なし	
課税仕入れ	110		

事例2

　加盟店Aは、11,000円（10%税込み）の売上げにつき、共通ポイント110円を付与する手続きを行った。なお、規約によれば、運営会社Xへのポイント相当額の支払には、対価性がないと判断される。

加盟店A		顧客	
顧客からの入金		加盟店Aへの支払	
課税売上げ	11,000	課税仕入れ	11,000
運営会社X社への支払		消費税の課税関係なし	
課税対象外の支払	110		

(2) ポイントの使用

商品の販売に際して顧客がポイントを使用すると、加盟店が顧客から受け取る金額はそのポイント相当額を控除した額となります。しかしそれは値引販売ではなく、控除されたポイント相当額は、運営会社から支払われることになります。したがって、顧客から受け取る金額と運営会社から受け取るポイント相当額を合わせた金額をその資産の譲渡等の対価の額として商品の売上高に計上します。

他方、ポイントを使用する顧客においては、これまで、課税仕入れに際して実際に支払うポイント控除後の金額を課税仕入れの対価とする考え方が多数意見であったと考えられます。

しかし、先に掲げた国税庁の資料では、ポイント控除前の金額を課税仕入れの対価の額とし、ポイント使用により顧客が受ける利益は、消費税の課税対象外の収入とされています。事業者である顧客にとっては、課税対象外の収入とする方が有利な計算となりますが、ポイント付与時に加盟店がポイント運営会社に支払うポイント相当額と同様に、規約等の内容によっては、ポイント控除後の金額を課税仕入れの対価とすべき場合もあると考えられます。

買い手は、交付されたレシートの表記から課税仕入れに係る支払対価の額を判断することになります。

事例

　加盟店Bは、売上げにつきポイントを使用した顧客から10,890円（10%税込み）を受け取り、運営会社X社からポイント相当額110円を受け取った。

　顧客には、規約に従い、ポイントの使用を消費税の課税対象外の値引きと表示した領収書を交付している。

加盟店B		顧客	
顧客からの入金		加盟店Bへの支払	
課税売上げ	10,890	課税仕入れ	11,000
		課税対象外の収入	△110
運営会社X社からの入金		消費税の課税関係なし	
課税売上げ	110		

(3) 法的性質に応じた判断が必要

　ここでは、共通ポイントの最もシンプルな運営方法と考えられるケースについて、消費税の課税関係を検討しました。しかし、共通ポイントには様々なオプションがあり、契約関係や取引の内容によっては課税関係の判断が困難である場合も多く、ここに示したものとは異なる結果となる場合も想定されます。また、平成30年5月に、フリマアプリを運営する株式会社メルカリがポイントに関する消費税の処理を誤ったとして更正処分を受けるなど、共通ポイントの運用会社における判断も複雑です。実務処理に際しては、その実態に即した法的性質に応じて判断する必要があります。

❸　キャッシュレス・消費者還元事業

(1)　制度の仕組み

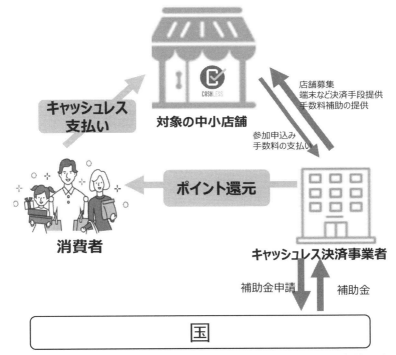

出所：経済産業省「キャッシュレス・ポイント還元事業（キャッシュレス・消費者還元事業）中小・小規模店舗向け説明資料」（令和元年9月）2頁。

(2)　制度の概要

　キャッシュレス・消費者還元事業（キャッシュレス・ポイント還元事業）は、消費税率引上げ後の消費喚起とキャッシュレス推進の観点から、新税率の施行日である10月1日から令和2年6月末までの9か月間実施される中小・小規模事業者向けの支援制度です。クレジットカード、デビットカード、電子マネー（プリペイド）、QRコードなど、一般的な購買に繰

り返し利用できる電子的な決済手段が広く対象とされており、インターネットサイトによる通信販売も対象となります。

(3) 対象事業者

　キャッシュレス・消費者還元事業の対象となる中小・小規模事業者であるかどうかは、資本金等の額又は常時使用する従業員の数のいずれかによって判断します。

業種分類	資本金の額 出資の総額	常時使用する従業員の数
製造業その他	3億円以下	300人以下
卸売業	1億円以下	100人以下
小売業	5000万円以下	50人以下
サービス業	5000万円以下	100人以下

　ただし、次の業種は、補助の対象ではありません。

・国、地方公共団体、公共法人
・金融商品取引業者、金融機関、信用協同組合、信用保証協会、信託会社、保険会社、生命保険会社、損害保険会社、仮想通貨交換業者
・風営法上の風俗営業（一部例外（注）を除く）等
・保険医療機関、保険薬局、介護サービス事業者、社会福祉事業、更生保護事業を行う事業者
・学校、専修学校等
・暴対法上の暴力団等に関係する事業者
・宗教法人
・保税売店
・法人格のない任意団体
・その他、本事業の目的・趣旨から適切でないと経済産業省及び補助金事務局が判断する者

また、次の取引も補助の対象外です。

- ・有価証券等、郵便切手類、印紙、証紙、物品切手等（商品券、プリペイドカード等）の販売
- ・自動車（新車・中古車）の販売
- ・新築住宅の販売
- ・当せん金付証票（宝くじ）等の公営ギャンブル
- ・収納代行サービス、代金引換サービスに対する支払い
- ・給与、賃金、寄付金等
- ・その他、本事業の目的・趣旨から適切でないと経済産業省及び補助金事務局が判断するもの

(4) 補助の内容

　キャッシュレスで支払った消費者へのポイント還元の原資は、国が負担します。

　キャッシュレス・消費者還元事業に参加するものとして登録した事業者（以下「登録加盟店」といいます。）は、キャッシュレス化にあたって、端末の導入費用について、国が3分の2、決済事業者が3分の1を負担する支援を受けることができ、端末の導入は無償となります。ただし、軽減税率対策補助金の交付を受けた場合を除きます。

　また、決済事業者は、加盟店手数料を3.25％以下に設定することとされており、このうち国が3分の1を補助するので、加盟店手数料は、実質2.17％以下となります。

　なお、フランチャイズチェーン等については、中小・小規模事業者に該当する登録加盟店についてのみ、国からポイント還元等（2％分）の原資が補助されます。決済端末の導入費用の補助及び加盟店手数料の補助はあ

りません。

区　分	加盟店手数料	決済端末の導入	ポイント還元
中小・小規模事業者	実質2.17%以下	負担なし	5%
フランチャイズチェーン等	補助なし		2%

(5) ポイント還元の種類

　キャッシュレス・消費者還元事業におけるポイント還元の方法には、次の4種類に整理することができます。

ポイント付与	決済額に応じたポイント又は前払式支払手段（チャージ額）を消費者に付与する方法
即時充当	購買時に、即時、購買金額にポイント相当額を充当する方法
引落相殺	利用金額に応じた金額を口座から引き落とす際に、ポイント相当額を引き落とし金額と相殺する方法
口座充当	少なくとも1か月以内の期間ごとに口座にポイント相当額を付与（し、その後の決済に充当）する方法

(6) ポイント還元は課税対象外

　キャッシュレス決済をした顧客が受け取るポイント還元は、決済事業者又は登録加盟店が国からの補助を受けて行うものです。顧客が直接受け取る補助金ではありませんが、そのポイント還元に対価性は認められません。したがって、キャッシュレス・消費者還元事業によるポイント還元は、資産の譲渡等とは独立した消費税の課税対象外の取引となります。

　登録加盟店は、この事業によるポイントを即時充当する場合であっても、その充当前の商品の販売に係る対価の額を資産の譲渡等の対価の額として売上高に計上します。顧客においても、ポイント還元前の金額が課税仕入れの支払対価の額となり、ポイント還元による利益は、課税対象外の収入となります。

参考：キャッシュレス・消費者還元事業　消費者還元補助公募要領19頁

＜消費税の取扱い＞

　決済事業者と消費者との関係において、本補助金を原資として決済事業者が消費者に対して行う1.6.1に定める方法による消費者還元は、公的な国庫補助金を財源としたポイント等の付与であり、消費者から決済事業者に対する何らかの資産の譲渡等の対価として支払うものではないことから、消費税は不課税となる。

　※　なお、本補助金を原資としない通常のポイント付与等については、その実態に即して適切な会計処理・税務処理を行うこと。

(7) 決済手数料

① クレジットカードの決済手数料

　クレジットカードの決済事業者に支払う加盟店手数料は、資産の譲渡等の対価として取得した金銭債権の譲渡差額であり、クレジット会社にとっては非課税売上げとなります。

　加盟店においては、金銭債権の譲渡が非課税となるのですが、資産の譲渡等の対価として取得した金銭債権の譲渡は、課税売上割合の計算に含まないこととされています。したがって、クレジットカード会社に支払う加盟店手数料が消費税の計算に影響することはありません（ここでは非課税仕入れと表現します）。

　ただし、カード決済代行会社を通じた契約では、クレジットカード会社への金銭債権の譲渡による譲渡差額ではなくカード決済代行会社に対して支払うシステム利用料という位置づけになって、加盟店手数料が課税仕入れとなる場合があります。

　契約内容を確認して判断してください。

② 電子マネー等の決済手数料

　交通系電子マネーなどチャージ式の電子マネーは、購入時点での支払になるため、金銭債権は発生しません。したがって、その入金に係る手数料は課税仕入れとなります。

　電子マネー等の種類によって、課税仕入れとなるかどうかが異なるため、契約内容を確認して判断してください。

参考

決済手数料が非課税（譲渡差額）となるもの	決済手数料が課税となるもの
クレジットカード、Paypal、iD、QUICPay など（決済代行会社との契約は別に判断）	交通系電子マネー、Alipay、LINE Pay、nanaco、WeChat Payなど

③ 加盟店手数料補助

　加盟店手数料に係る補助金は、消費税の課税対象外です。決済事業者からの通知を確認してください。

参考：キャッシュレス・消費者還元事業　加盟店手数料補助公募要領13頁

<消費税の取扱い>

　決済事業者が加盟店に支払う加盟店手数料の1/3相当額は、公的な国庫補助金を財源とした補填金であり、加盟店から決済事業者に対する何らかの資産の譲渡等の対価として支払うものではないことから、消費税は不課税となる。

　また、補足②の会計処理方法に記載のとおり、この補填金は、「手数料の値引」ではなく「手数料の補填金」となるため、決済事業者から加盟店への当該補填金に係る請求書もしくは通知書等において、当該補填金は公的な国庫補助金を財源とした経費の補填金であり消費税の不課税取引となることを明示する又は通知する等の方法により、決済事業者側及び加盟店側の会計処理及び消費税の処理において、加盟店手数料の値引処理を行わないようにしなければならない。特に1.7.4②の処理を行う場合には、「加盟店手数料の値引」と処理しない（加盟店手数料自体を2/3相当額としない）ように注意が必要である。

　これら取扱いは、決済事業者が加盟店から受領する加盟店手数料を消費税法上の課税取引又は非課税取引のいずれとして取扱っているか、また上記1.7.4①②のいずれの補助方法によっているかにかかわらず、同じとなる。

　なお、決済事業者が執行団体から受領する補助金は、補助金適正化法上の間接補助金等に該当し、本事業における国から執行団体への補助金の交付の目的に沿って、執行団体が決済事業者から何らかの反対給付を受けないで交付するものであり、資産の譲渡等の対価に該当しない（不課税となる）。

　また、加盟店から決済事業者に支払われる加盟店手数料に係る消費税の取扱いは、本補助事業により変わるものではないため、各事業者の従来から行っている消費税の取扱いに基づき行うことになる。

　登録加盟店が、11,000円（10％税込み）の売上げにつき、クレジットで11,000円の決済を行った。クレジット決済に係る加盟店手数料は330円であるが、国の補助金により110円（330円×1/3）を補填された。

　後日、販売代金から加盟店手数料220円が差し引かれ、残額10,780円（11,000円−220円）を決済事業者から受け取った。

　顧客は、550円のキャッシュレス・消費者還元事業のポイント還元を受けた。

　（ポイント還元率５％、クレジット手数料３％、加盟店手数料補助率1/3）

加盟店		顧客	
クレジット決済		クレジット決済	
課税売上げ	11,000	課税仕入れ	11,000
消費税の課税関係なし		ポイント還元	
		課税対象外の収入	550
加盟店手数料		消費税の課税関係なし	
非課税仕入れ	330		
手数料補助		消費税の課税関係なし	
課税対象外の収入	110		

　登録加盟店が、11,000円（10％税込み）の売上げにつき、交通系電子マネーで11,000円の決済を行った。交通系電子マネーの入金手数料は275円であるが、国の補助金91円（275円×1/3）を補填された。

　後日、販売代金から入金手数料184円が差し引かれ、10,816円（11,000円−184円）を決済事業者から受け取った。

　顧客は、550円のキャッシュレス・消費者還元事業のポイント還元を受けた。

　（ポイント還元率５％、交通系電子マネー手数料2.5％、加盟店手数料補助率1/3）

加盟店		顧客	
交通系電子マネー決済		交通系電子マネー決済	
課税売上げ	11,000	課税仕入れ	11,000
消費税の課税関係なし		ポイント還元	
		課税対象外の収入	550
加盟店手数料（入金手数料）		消費税の課税関係なし	
課税仕入れ	275		
手数料補助		消費税の課税関係なし	
課税対象外の収入	91		

事例3

　フランチャイズチェーンである登録加盟店が、11,000円（10%税込み）の売上げにつき、キャッシュレス・消費者還元事業の即時還元220円を差し引いて交通系電子マネーで10,780円の決済を行った。

　後日、販売代金から入金手数料269円が差し引かれ、還元額の220円を合わせて10,731円（10,780円－269円＋220円）を決済事業者から受け取った。

　（ポイント還元率2%、交通系電子マネー手数料2.5%、加盟店手数料補助なし）

加盟店		顧客	
交通系電子マネー決済		交通系電子マネー決済	
課税売上げ	11,000	課税仕入れ	11,000
ポイント即時還元		ポイント即時還元	
課税対象外の支出	220	課税対象外の収入	220
ポイント補助		消費税の課税関係なし	
課税対象外の収入	220		
加盟店手数料（入金手数料）		消費税の課税関係なし	
課税仕入れ	269		

　買い手は、交付されたレシートの表記から課税仕入れに係る支払対価の額を判断することができます。

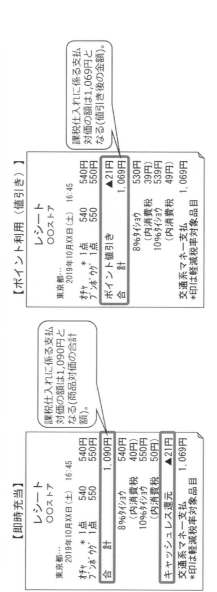

即時充当によるキャッシュレス・消費者還元に係る消費税の仕入税額控除の考え方

○ コンビニ等が行っている即時充当（即時に購買金額にポイント等相当額を充当する方法）によるキャッシュレス・消費者還元は、商品対価の合計額が変わるものではありません。

○ 消費税の課税事業者が商品等を購入した際、その取引（仕入れ）について仕入税額控除を行うことになりますが、即時充当による消費者還元を受けた場合は、商品対価の合計額が「課税仕入れに係る支払対価の額」となります。

○ 一方、自社ポイントのように、商品等の購入の際のポイント利用が「値引き」となる場合には、「値引き後の金額」が「課税仕入れに係る支払対価の額」となります。

【即時充当】

レシート
○○ストア
東京都… 2019年10月XX日(土) 16:45
打ｷﾞ ＊1点 540 540円
ﾌﾞﾎﾟﾂ 1点 550 550円
合　計 1,090円
8%ｵﾋﾞｼﾞﾖｳ 540円
（内消費税 40円）
10%ｵﾋﾞｼﾞﾖｳ 550円
（内消費税 50円）
キャッシュレス還元 ▲21円
交通系マネー支払 1,069円
＊印は軽減税率対象品目

課税仕入れに係る支払対価の額は1,090円となる（商品対価の合計額）。

【ポイント利用（値引き）】

レシート
○○ストア
東京都… 2019年10月XX日(土) 16:45
打ｷﾞ ＊1点 540 540円
ﾌﾞﾎﾟﾂ 1点 550 550円
ポイント値引き ▲21円
合　計 1,069円
8%ｵﾋﾞｼﾞﾖｳ 530円
（内消費税 39円）
10%ｵﾋﾞｼﾞﾖｳ 539円
（内消費税 49円）
交通系マネー支払 1,069円
＊印は軽減税率対象品目

課税仕入れに係る支払対価の額は1,069円となる（値引き後の金額）。

商品等を購入した事業者においては、レシートの表記から「課税仕入れに係る支払対価の額」を判断して差し支えありません。

出所：事業者の皆様へ（令和元年11月　国税庁）11月22日公表12月更新

Ⅶ　仕入税額控除の方式

　諸外国の付加価値税においては、課税事業者がその取引について課税された税額を記載して発行するタックス・インボイスの保存を仕入税額控除の要件とするインボイス方式が採用されています。タックス・インボイスは、取引において事業者がどれだけの付加価値税を受け渡したかを正確に把握する手段であり、控除額は、前段階の事業者が納税した金額の範囲内で計算されることとなります。

　これに対し、日本の消費税は、帳簿等の記載に基づき、課税仕入れ及び特定課税仕入れそれぞれ総額に税率を適用して得られた金額（保税地域からの課税貨物の引取りについては輸入許可書等に記載された消費税額）を控除額の計算の基礎とする方式です。

❶　帳簿方式（消費税創設～平成９年３月）

（1）売上税法案廃案の影響

　日本は、OECD加盟国において、唯一インボイス方式を採用していません。その理由は、消費税導入に当たって、売上税法案廃案の轍を踏まない工夫が行われていたことと関係が深いといえます。

　売上税法案は、納税義務者に、税務署から税額票番号の付与を受けること（売上税法案55①②）及び自らの税額票番号を記載した税額票を発行することを義務付け（売上税法案28②）、仕入税額控除は、交付を受けた税額票の保存を要件に税額票に記載された税額について行う（売上税法案34①④）こととされていました。この税額票が「事務を煩雑にし、納税コストを高める」という批判の的になったことは、消費税の仕組みを検討する

うえで重要な課題でした。

(2) 事業者の事務負担に配慮

　税制改革法10条２項は、課税の累積を排除する仕組みについては、「我が国における取引慣行及び納税者の事務負担に極力配慮したものとする」とし、仕入税額控除は、帳簿の記録に基づき納付すべき税額を計算する帳簿方式が採用されました。

　シャウプ税制以後定着した青色申告制度による記帳水準の高さが、他国に類を見ない帳簿方式という制度を導入する決断を誘掖したとみることもできます。

　また、税制改革法11条１項は、「事業者は、必要と認めるときは、取引の相手方である他の事業者又は消費者にその取引に課せられる消費税の額が明らかとなる措置を講ずるものとする」と規定していますが、仕入税額控除の適用要件として請求書等の保存が必須でないことから、課税資産の譲渡等を行う事業者に、請求書等を発行する義務は付されていませんでした。

❷　請求書等保存方式（平成９年４月〜令和元年９月）

(1) ３つの方式の検討

　事業者の事務負担に配慮する帳簿方式でしたが、実施してみると、制度の信頼性を高めるため、「自己記録」を保存する方法から「第三者作成書類」を保存する方法に移行することが求められるようになりました。

　そこで、平成６年度の改正に当たっては、次の方法が検討されました[9]。

9　税制調査会・前掲注１ 34頁。

Ａ方式：登録制度を前提とする書類方式
Ｂ方式：登録制度を前提としないが、課税事業者のみに限定した書類方式
Ｃ方式：請求書等保存方式

　Ａ方式及びＢ方式については、非登録事業者又は免税事業者が取引から排除されるのではないか、あるいは、事実上課税選択を迫ることになるのではないか、といった問題があるとし、国家が登録を行い管理することが現在の国民の感情にそぐわないのではないか、しかし登録制度を設けなければ、取引の中間段階に位置する事業者が多数に上る中で円滑な執行は困難である、といった指摘により、「我が国の経済社会や取引の実状に適合していないのではないかと考えられる」とされました。

　これに対し、Ｃ方式の請求書等保存方式は、仕入れの事実を記載した帳簿の保存に加え、前段階の事業者が発行した請求書等の客観的な証拠書類の保存を要件とするものです。次のように評価されました。

① 　現在、大部分の事業者間取引において、請求書等（インボイス）が交わされ保存されているという取引の実態を尊重した方式であり、かつ、事業者に新たな書類の作成など追加的な事務負担がほとんど生じないことから、円滑な移行が可能な方式である。
② 　原則として取引の証拠書類の保存を仕入税額控除の要件としている点で、制度の信頼性や課税非課税判定等の利便性、正確性の観点から、現行方式より望ましい方式である。
③ 　免税事業者からの仕入れが税額控除の対象となることについては、免税事業者の仕入れにも、通常、消費税が課されていること、免税事業者の対事業者向け売上げの全事業者の売上げに占める比率は極めて小さいこと、免税事業者からの仕入れについて税額控除を認めないとすると課税の累積が生じること、事業者の取引からの排除等の問題に配慮する必

> 要があること等を勘案すれば、むしろ我が国の経済社会や取引の実状に適合している。

請求書等保存方式は、平成9年4月1日以後適用されています。

(2) 請求書等保存方式への変更

請求書等保存方式への変更は、大部分の事業者間取引において、請求書等が交わされ保存されているという取引の実態があることが妥当性の根拠となっており、単に、消費税法30条7項の規定を「帳簿又は請求書等の保存」から「帳簿及び請求書等の保存」とすることで、控除要件を厳格化したものです。

❸ 複数税率に対応するための仕入税額控除の方式

複数税率制度への対応として、「適格請求書等保存方式」(日本型インボイス制度)の導入が予定されています(改正法附則1九)。

平成28年与党大綱において、適格請求書等保存方式は、「複数税率制度の下において適正な課税を確保する観点から」必要な制度であり、「事業者に十分な説明を行いつつ」導入するものとされました(平成28年与党大綱12頁)。

しかし、「当面は、執行可能性に配慮し、簡素な方法によることとする。」(平成28年与党大綱12頁)とされ、令和元年10月1日(軽減税率導入時)から令和5年9月30日(適格請求書等保存方式導入前日)までの4年間は、「区分記載請求書等保存方式」によって税率の区分経理に対応することとしています。

区分記載請求書等保存方式とは、請求書等保存方式を維持した上で、帳簿及び請求書等の記載事項を追加するものです。

区分	請求書等保存方式 【令和元年９月まで】	区分記載請求書等保存方式 【令和元年10月～令和５年９月】	適格請求書等保存方式 【令和５年10月以後】
請求書等	事業者登録制度なし			事業者登録制度あり
請求書等	・売り手に請求書等の交付義務なし ・免税事業者も交付可 ・不正交付の罰則なし			・売り手に適格請求書の交付義務あり（免除特例あり） ・免税事業者・未登録事業者は交付不可 ・不正交付の罰則あり
請求書等	買い手に請求書等の保存義務あり			買い手に適格請求書等の保存義務あり
請求書等	請求書の記載事項 ・請求書発行者の氏名又は名称 ・取引年月日 ・取引の内容 ・取引の税込対価 ・請求書受領者の氏名又は名称	区分記載請求書の記載事項 →同左プラス ・軽減対象資産の譲渡等である旨 ・税率ごとに合計した税込対価 交付を受けた事業者による追記も可能		適格請求書の記載事項 →同左プラス ・登録番号 ・適用税率 ・消費税額等
請求書等	小売業者等が交付する請求書、区分記載請求書は、受領者の名称記載不要			小売業者等は、適格簡易請求書 ・消費税額等又は適用税率のいずれか記載 ・受領者の名称記載不要
請求書等	せり売りなど取次業者が代替発行した請求書等の保存で、仕入税額控除可			
請求書等	３万円未満の取引等に、請求書等の保存不要の取扱いあり			売り手の交付義務が免除される取引等に、適格請求書等の保存不要の取扱いあり
帳簿	買い手に帳簿の保存義務あり	買い手に帳簿の保存義務あり 軽減対象資産である旨を記載	
税額計算	免税事業者からの課税仕入れも控除可			免税事業者等からの課税仕入れは控除不可（６年間は経過措置あり）
税額計算	取引総額からの 「割戻し計算」	税率ごとの取引総額からの 「割戻し計算」		売上げの税額計算は選択 ①適格請求書等の「積上げ計算」 ②税率ごとの取引総額から「割戻し計算」 仕入れの税額計算は、 ①適格請求書等の「積上げ計算」 ②売上げの税額が②であれば、「割戻し計算」可
税額計算	―	売上税額の計算の特例 （中小４年間） 仕入税額の計算の特例 （中小１年間） 簡易課税制度事後選択 （１年間）		免税事業者等からの課税仕入れに係る控除 R５.10～R８.9…80% R８.10～R11.9…50%

Ⅷ　区分記載請求書等保存方式
（令和元年10月１日から令和５年９月30日までの仕入税額控除）

　区分記載請求書等保存方式とは、請求書等保存方式を維持した上で、軽減税率が適用される課税仕入れについて帳簿及び請求書等の記載事項を追加するものです。記載事項が追加されたこと以外は、令和元年９月30日までの請求書等保存方式と変わるところがありません。

❶　仕入税額控除の要件

　区分記載請求書等保存方式において、仕入税額控除は、原則として、事業者がその課税期間の課税仕入れ等の税額の控除に係る帳簿及び請求書等を保存している場合に適用されます（消法30⑦）。

　なお、輸入許可書には、課税貨物に係る課税標準である金額や引取りに係る消費税等の額が記載されます。したがって、課税貨物の引取りに係る仕入税額控除については、輸入許可通知書等を保存するとともに、課税貨物に係る消費税等の額を帳簿に記載し保存することが要件となります（消法30⑧三、⑨三）。

（1）災害等の被災者

　災害その他やむを得ない事情により、帳簿及び請求書等の保存をすることができなかったことをその事業者において証明した場合は、これらの保存は不要です。

（2）特定課税仕入れ

　特定課税仕入れは、リバースチャージ対象の仕入れです。インターネッ

ト上で取引が完結することや仕入れを行った事業者が納税する結果となることを踏まえて、請求書等の保存は不要とされています（消法30⑦）。

(3)　3万円未満の課税仕入れ

1回の取引に係る税込みの金額が3万円未満の取引に係る仕入税額控除については、請求書等の保存がなくても、帳簿の保存により仕入税額控除を適用することができます（消法30⑦、消令49①一、基通11-6-2）。

(4)　3万円以上の課税仕入れについての特例

1回の取引が3万円以上である課税仕入れについて請求書等の交付を受けなかったことにつきやむを得ない理由がある場合には、次の①及び②を帳簿に記載して、仕入税額控除の適用を受けることができます（消法30⑦、消令49①一）。

① 「やむを得ない理由」
② 「相手方の住所又は所在地」

①　やむを得ない理由

やむを得ない理由がある場合とは、次のような場合をいいます（基通11-6-3）。

イ　自動販売機を利用して課税仕入れを行った場合
ロ　入場券、乗車券、搭乗券等のように課税仕入れに係る証明書類が資産の譲渡等を受ける時に資産の譲渡等を行う者により回収されることとなっている場合
ハ　課税仕入れの相手方に請求書等の交付を請求したが、交付を受けられなかった場合

ニ　その課税仕入れを行った課税期間の末日までにその支払対価の額が確
定していない場合（その後支払対価の額が確定した時に請求書等の交付
を受け保存する。）

ホ　その他、これらに準ずる理由により請求書等の交付を受けられなかっ
た場合

② **相手方の住所又は所在地の記載の省略**

次の者からの課税仕入れについては、帳簿への「相手方の住所又は所在
地」の記載は、不要です（基通11-6-4）。

イ　電車等の旅客輸送に係る一般乗合旅客自動車運送事業者又は航空運送
事業者

ロ　郵便役務の提供を受けた場合の郵便局等

ハ　出張旅費等を支払った場合の受領した使用人等

ニ　再生資源卸売業等が不特定かつ多数の者から課税仕入れを行った場合
の相手方

(5) 簡易課税制度を適用する場合

簡易課税制度は、仕入税額控除に係る事務負担から中小事業者を救済す
るために設けられています。実際の課税仕入れについて一切の事務を行わ
ず、売上げに係る消費税額にみなし仕入率を適用して控除対象仕入税額を
算出するものです。したがって、課税仕入れに係る帳簿及び請求書等の保
存は必要ありません。

仕入税額控除の要件フローチャート

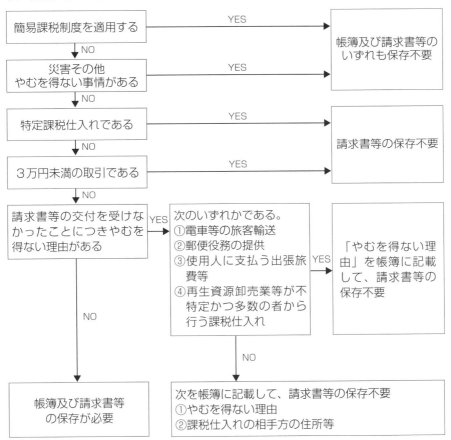

(6) 免税事業者からの課税仕入れ

　区分記載請求書等保存方式は、事業者登録制度を基礎としていないので、仕入先が免税事業者であるかどうかを確かめることはできません。

　したがって、課税仕入れの相手方が課税事業者であるかどうかにかかわらず、免税事業者等からの課税仕入れであっても、仕入税額控除の適用を受けることができます。

区分記載請求書等は、免税事業者も発行することができます。

(7) 令和元年度の改正

　令和元年度の税制改正において、次の特例が設けられました。令和元年10月１日以後に行う課税仕入れから適用されています。

①　金又は白金の地金の課税仕入れ

　「金又は白金の地金」の課税仕入れについては、災害により保存できなかったなど、やむを得ない事情がある場合を除き、帳簿及び請求書等に加えて、その課税仕入れの相手方（売却者）の本人確認書類（運転免許証の写しなど）を保存しなければなりません（消法30⑩）。

ａ．保存する本人確認書類の範囲

　保存する本人確認書類は、以下の書類が対象となります。

課税仕入れの相手方の区分		本人確認書類　次の記載があるものに限ります。 個人：氏名及び住所 法人：名称及び本店又は主たる事業所の所在地
個人	国内に住所を有する方	①　マイナンバーカード（個人番号カード）の写し（表面のみ） 　※　個人番号が記載された裏面の写しを保存することはできません。 ②　住民票の写し、住民票の記載事項証明書又はこれらの写し 　※　個人番号が記載されていないもの ③　戸籍の附票の写し、印鑑証明書又はこれらの写し ④　国民健康保険、健康保険の被保険者証等の写し ⑤　国民年金手帳等の写し ⑥　運転免許証又は運転経歴証明書の写し ⑦　旅券（パスポート）の写し ⑧　在留カード又は特別永住者証明書の写し ⑨　国税・地方税の領収証書、納税証明書、社会保険料の領収証書又はこれらの写し ⑩　①から⑨までの書類以外で、官公署から発行された若しくは発給された書類その他これらに類するもの又はこれらの写し
	上記以外の方	上記③から⑩のいずれかの書類

法人	内国法人 外国法人	①　登記事項証明書、印鑑証明書又はこれらの写し ②　国税・地方税の領収証書、納税証明書、社会保険料の領収証書又はこれらの写し ③　①及び②の書類以外で、官公署から発行された若しくは発給された書類その他これらに類するもの又はこれらの写し
	人格のない社団等	①　定款、寄附行為、規則又は規約で、その代表者又は管理人の当該人格のない社団等のものである旨を証する事項の記載のあるものの写し ②　上記「内国法人・外国法人」欄の②又は③の書類
	法人課税信託の受託事業者	受託者の本人確認書類※に加え、信託約款その他これに類する書類の写し ※　受託者の区分に応じた本人確認書類（例えば、受託者が内国法人の場合には登記事項証明書など）の保存が必要となります。

(注)　1　次の書類は、「課税仕入れの日に有効なもの」が対象です。
　　　　　マイナンバーカード（個人番号カード）、運転免許証、旅券（パスポート）、在留カード、特別永住者証明書
　　　2　次の書類は、「課税仕入れの日前1年以内に作成等されたもの」が対象です。
　　　　　住民票の写し、住民票の記載事項証明書、戸籍の附票の写し、印鑑証明書、登記事項証明書、国税・地方税の領収証書、納税証明書、社会保険料の領収証書
　　　3　「官公署から発行された若しくは発給された書類」については、「課税仕入れの日前1年以内に作成されたもの（有効期間又は有効期限のあるものにあっては、課税仕入れの日において有効なもの）」が対象です。
　　　4　課税仕入れが媒介、取次ぎ又は代理を行う者を介して行われる場合には、当該課税仕入れの相手方の本人確認書類に加え、当該媒介等をした者の本人確認書類の保存が必要となります。なお、媒介等を行う者を介して行われる課税仕入れが、商品先物取引法第2条第10項に規定する「商品市場における取引」により行われる場合には、媒介等をした者の本人確認書類のみを保存すればよいこととなります。

b．本人確認書類の電磁的記録による保存

　保存する課税仕入れの相手方の本人確認書類については、紙により保存する方法のほか、提供された電磁的記録を保存する方法も認められます。

　この場合、電子計算機を使用して作成する国税関係帳簿書類の保存方法等の特例に関する法律施行規則8条1項各号に掲げるいずれかの措置を行って、同項の要件に準じた方法により保存する必要があります。

　具体的には、次の①に掲げる措置を行い、②から④までの要件を満たして保存する必要があります。

【事業者が講じる措置】

① 次のイ又はロのいずれかの措置を行うこと

　イ　本人確認書類に係る電磁的記録の受領後遅滞なくタイムスタンプを付すとともに、その電磁的記録の保存を行う者又はその者を直接監督する者に関する情報を確認することができるようにしておくこと

　ロ　本人確認書類に係る電磁的記録の記録事項について正当な理由がない訂正及び削除の防止に関する事務処理の規程を定め、当該規程に沿った運用を行い、当該規程の備付けを行うこと

② 本人確認書類に係る電磁的記録の保存等に併せて、その保存に係るシステム概要書の備付けを行うこと

③ 本人確認書類に係る電磁的記録の保存等をする場所に、その電磁的記録の電子計算機処理の用に供することができる電子計算機、プログラム、ディスプレイ及びプリンタ並びにこれらの操作説明書を備え付け、その電磁的記録をディスプレイの画面及び書面に、整然とした形式及び明瞭な状態で、速やかに出力できるようにしておくこと

④ 本人確認書類に係る電磁的記録について、次の要件を満たす検索機能を確保しておくこと

・本人確認書類を受領した年月日、課税仕入れの相手方の名称等を検索条件として設定できること

・日付に係る記録項目については、その範囲を指定して条件を設定できること

・2以上の任意の記録項目を組み合わせて条件を設定できること

　　　（注）1　提供を受けた電磁的記録を紙に印刷して保存することもできます。こ

の場合は整然とした形式及び明瞭な状態で出力し、紙で受領した場合と同様に保存する必要があります。

2　紙で受領した本人確認書類をスキャン文書により保存（スキャナ保存）することもできます。その場合については、請求書等をスキャン文書で保存する場合と同様の手続が必要となります。

② **密輸品と知りながら行った課税仕入れ**

密輸品と知りながら行った課税仕入れは、金又は白金の地金の密輸品に限らず、全ての密輸品について、仕入税額控除の適用を受けることができません（消法30⑪）。

❷　帳簿の記載事項

保存する帳簿の記載事項は、次のとおりです（消法30⑧、改正法附則34②、消令49②③）。

課税仕入れに係る帳簿の記載事項
イ　課税仕入れの相手方の氏名又は名称
ロ　課税仕入れを行った年月日
ハ　課税仕入れに係る資産又は役務の内容（軽減対象資産の課税仕入れにはその旨）
ニ　支払対価の額（税込み）

（注）　1　イは、再生資源卸売業又はこれに準ずるものに係る課税仕入れについては、省略が可能です。

また、卸売市場においてせり売又は入札の方法により行われる課税仕入れ、媒介業者を介して行われる課税仕入れについては、媒介業者の氏名又は名称を記載することが可能です。

2　ハは、課税仕入れが軽減対象資産に係るものである場合には、その旨を記載します。この記載は、「軽減」等と省略して記載することや事業者が定めた記号を付す方法によることが可能です。したがって、仕訳の税区分を「軽減対象資産の譲渡等」としていれば、この要件を満たすことになります。

飲食料品の譲渡及び定期購読による新聞の譲渡を行わない事業者は、売上げに軽減税率が適用されることはありません。しかし、仕入れについては、次のような勘定科目には、軽減税率が適用されるものがあると考えら

れます。なお、製造原価についても、このような課税仕入れに留意する必要があります。

新聞図書費	…	定期購読契約の新聞の購入
会　議　費	…	会議用の弁当や菓子、飲料の購入
接待交際費	…	中元や歳暮の贈答用の飲食料品、お土産用の飲食料品の購入
広告宣伝費	…	景品として配布する飲食料品の購入
福利厚生費	…	従業員用の弁当、菓子、飲料の購入

　対応策としては、上記のような軽減税率と標準税率が混在する勘定科目には、税率を区分する補助科目を設定しておくことが考えられます。コンピュータに仕訳入力を行う段階で、税率ごとに区分して処理しなければならないシステムとしておくことが有効です。

特定課税仕入れ（リバースチャージ対象）に係る帳簿の記載事項	
イ	特定課税仕入れの相手方の氏名又は名称
ロ	特定課税仕入れを行った年月日
ハ	特定課税仕入れの内容
ニ	特定課税仕入れに係る支払対価の額
ホ	特定課税仕入れに係るものである旨

課税貨物に係る帳簿の記載事項	
イ	課税貨物を保税地域から引き取った年月日 （特例申告の場合には、保税地域から引き取った年月日及び特例申告書を提出した日又は決定の通知を受けた日）
ロ	課税貨物の内容
ハ	課税貨物の引取りに係る消費税額及び地方消費税額又はその合計額

❸　請求書等の記載事項

（1）すべてに標準税率が適用される場合の請求書等

　取引のすべてに標準税率が適用される場合の請求書等の記載事項は、次

のとおりです（消法⑨、消令49④）。

すべてに標準税率が適用される請求書等の記載事項
イ　書類の作成者の氏名又は名称
ロ　課税資産の譲渡等を行った年月日（まとめ期間によることも可能）
ハ　課税資産の譲渡等に係る資産又は役務の内容
ニ　課税資産の譲渡等の対価の額（税込み）
ホ　書類の交付を受ける事業者の氏名又は名称

　　　　（注）　ホの「書類の交付を受ける事業者の氏名又は名称」は、課税資産の譲渡等
　　　　　　　が小売業、飲食店業、写真業及び旅行業、タクシー業、駐車場業等、不特定
　　　　　　　かつ多数の者に資産の譲渡等を行うものである場合には省略が可能です。

　請求書等に記載した取引のすべてに標準税率が適用される場合には、税率についての情報は記載事項とされていませんから、「軽減税率の対象なし」「すべてが標準税率」といった記載は必要ありません。

　ただし、法令の要件とはされていなくても、請求書等には、消費税の税率を記載するのが一般的です。

(2) 異なる税率が混在する場合の請求書等

　軽減税率と標準税率が混在する場合には、請求書等の記載事項は、次のようになります（消法⑨、改正法附則34②、消令49④）。

軽減税率と標準税率が混在する請求書等の記載事項
イ　書類の作成者の氏名又は名称
ロ　課税資産の譲渡等を行った年月日（まとめ期間によることも可能）
ハ　課税資産の譲渡等に係る資産又は役務の内容（軽減税率の対象にはその旨）
ニ　税率ごとに合計した課税資産の譲渡等の対価の額（税込み）
ホ　書類の交付を受ける事業者の氏名又は名称

　　　　（注）　1　ハについては、軽減税率の対象にはその旨を記載します。なおこの記
　　　　　　　　　載は、その請求書等の交付を受けた事業者が、その取引の事実に基づい
　　　　　　　　　て追記することができます（改正法附則34③）。
　　　　　　　2　ニについて、課税資産の譲渡等の対価の額が税率ごとに区分されてい
　　　　　　　　　ない場合は、その請求書等の交付を受けた事業者が、税率ごとに合計し
　　　　　　　　　た課税資産の譲渡等の対価の額（税込み）を、その取引の事実に基づい
　　　　　　　　　て追記することができます（改正法附則34③）。

> 旧税率対象が混在する請求書である場合には、旧税率8％の対象についても、区分して合計する必要があります（Q＆A個別事例編問116）。
> 3　ホの「書類の交付を受ける事業者の氏名又は名称」は、課税資産の譲渡等が小売業、飲食店業、写真業及び旅行業、タクシー業、駐車場業等、不特定かつ多数の者に資産の譲渡等を行うものである場合には省略が可能です。

　このように、税率ごとに区分して記載された請求書、納品書その他これらに類する書類を「区分記載請求書等」といいます。

①　記載事項が満たされない請求書等を受け取った場合

　上記「ハ　軽減税率の対象にはその旨」「ニ　税率ごとに合計した課税資産の譲渡等の対価の額（税込み）」の記載がない請求書等を交付された場合であっても、その請求書等の交付を受けた事業者が、その取引の事実に基づいて、これらの項目を追記し、これを保存することで、仕入税額控除を行うことが認められます（改正法附則34③）。

　したがって、仕入税額控除を行うために、これらの事項を記載した請求書等の再発行を求める必要はありません。

　なお、請求書等の交付を受けた事業者による追記が認められているのは、区分記載請求書等の記載事項のうち、上記ハとニの項目だけです。それ以外の項目については、追記や修正を行うことはできません（軽減通達19）。

②　記載の具体例

　請求書等への「軽減対象資産の譲渡等に係るものである旨」の記載は、軽減対象資産の譲渡等であることが客観的に明らかであるといえる程度の表示がされていればよいものとされており、具体的には、次のような方法が考えられます（軽減通達18）。

「軽減対象資産の譲渡等に係るものである旨」の記載

イ　個々の取引ごとに10％や8％の税率を記載する

ロ　軽減税率の対象となる商品に、「※」や「☆」といった記号等を表示し、別途「※（☆）は軽減対象」などの表示をする

ハ　軽減税率の対象となる商品とそれ以外の商品とを区分して表示する

ニ　軽減税率対象の商品に係る請求書をそれ以外の商品に係る請求書とを分けて作成する

上記ロの記号を表示する場合の具体例は、次のとおりです。

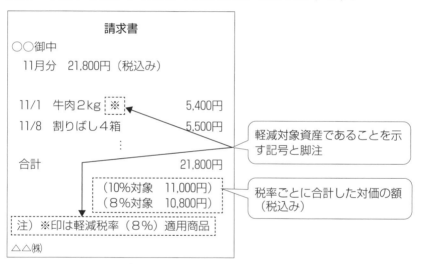

③　一定期間のまとめ記載

　日々の取引内容については、納品書等に記載され、一定期間の納品についてまとめて請求書が交付される場合において、納品書等と請求書との相互関連性が明確で、かつ、これらの書類全体で区分記載請求書等の記載事項を満たすときには、これらの書類をまとめて保存することで、区分記載請求書等の保存があるものとして取り扱われます。

　この場合、請求書に記載する取引年月日については、対象となる一定期

間を記載すればよく、また、同一の商品（一般的な総称による区分が同一となるもの）を一定期間に複数回購入しているような場合、「軽減対象資産の譲渡等である旨」の記載については、同一の商品をまとめて記載して差し支えありません。

④　「肉」「魚」「食品」といった一般的な総称の記載

　区分記載請求書等に記載する資産の内容については、原則として、個々の商品名の記載が必要です。

　ただし、個人商店等をはじめ、中小の小売店等が利用しているレジには、多数の商品を登録できないものがあり、このようなレジでは、個別の商品名等を登録することが事実上不可能な場合があります。

　このような場合には、その店舗が取り扱っている商品の一般的な総称、例えば、八百屋であれば「野菜」、精肉店であれば「肉」、又は一括して「食品」や「飲食料品」といった記載が認められます。取引された資産が、①課税資産の譲渡等に係るものであること、②軽減税率の対象となるものとそれ以外のものであることが、領収書の交付を受けた事業者において把握できる程度のものであれば、区分記載請求書等保存方式における請求書等の記載事項である「資産の内容」を満たすものとして取り扱われます（Q＆A個別事例編問86）。

⑤　取引内容の全てが軽減税率対象品目である場合

　請求書に記載した取引のすべてが軽減税率の対象となる場合には、全商品が軽減税率の対象である旨を記載することになります。

❹　仕入明細書等の保存

　仕入税額控除の要件として保存するべき請求書等には、次の3種類があります（消法30⑨）。

> ①　課税資産の譲渡等を行う事業者が交付する請求書等
> ②　事業者自らが作成する仕入明細書、仕入計算書等
> ③　保税地域からの課税貨物の引取りに係る輸入許可書

　国内において行う課税仕入れについては、上記①又は②を保存することになります。

　事業者が、課税仕入れについて、「②　事業者自らが作成する仕入明細書、仕入計算書等」を保存する場合には、次の事項が記載されていること及びその記載事項につきその課税仕入れの相手方の確認を受けたものであることが必要です（消法30⑨）。

> イ　書類の作成者の氏名又は名称
> ロ　課税仕入れの相手方の氏名又は名称
> ハ　課税仕入れを行った年月日※
> ニ　課税仕入れに係る資産又は役務の内容（軽減税率の対象にはその旨）
> ホ　課税仕入れに係る支払対価の額及び税率ごとに合計した課税仕入れ等の対価の額（税込み）
>
> 　　※　一定期間のまとめ記載によることができます。

❺　保存期間

　帳簿は、その閉鎖の日の翌日から2か月を経過した日から7年間保存しなければなりません。

　請求書等は、その受領した日の属する課税期間の末日の翌日から2か月を経過した日から7年間保存しなければなりません（消令50①）。

　ただし、6年目と7年目については、いずれか一方を保存すればよいこととされています（消令50①、消規15の3）。また、6年目と7年目については、データによる保存が可能です（消令③）。

　保存を開始する日は、帳簿については「その閉鎖の日の翌日から2か月を経過した日」、請求書等については「その受領した日の属する課税期間の末日の翌日から2か月を経過した日」とされています。これらの日は、通常、申告期限の翌日となります。これらの日には帳簿が完成しており、又は請求書等が確保されていなければならないということです。税務調査が開始した後で請求書等を取り寄せても、法令の要件を満たしているとは言えません。

❻　売上税額の計算

(1) 税率ごとの割戻し計算（原則）

　軽減税率が導入されると、飲食料品など軽減税率対象品目の譲渡を行う事業者は、税率の異なるごとに売上げを記帳し、税率ごとの売上総額を算出して売上税額（課税標準額に対する消費税額）を計算することになります（改正法附則34②）。したがって、原則として、取引のすべてについて、標準税率が適用されるものか、軽減税率が適用されるものかを区分して管

理し、記帳しなければなりません。

(2) 税率ごとの積上げ計算（特例）

　旧規則22条１項のいわゆる「積上げ計算」の特例[10]を適用する場合には、税率の異なるごとに区分した消費税額を領収書に明示し、その税率ごとに区分した消費税額を積み上げて課税売上げに係る消費税額を計算することとなります（改正令附則12、軽減通達25）。

(3) 売上税額の計算の特例

　軽減対象資産の譲渡等を行う事業者であっても、その売上げのすべてについて税率の異なるごとに区分して管理及び記帳することが困難である場合が考えられます。そこで、軽減税率の導入当初は、簡便な方法により両者を区分して申告することができる特例が設けられています（詳細は後掲）。

　売上税額の計算の特例は、基準期間における課税売上高が5000万円以下である中小事業者について認められています。

　中小事業者以外の事業者には、売上税額の計算の特例は適用されません。

❼　仕入税額の計算

(1) 税率ごとの割戻し計算（原則）

　軽減対象品目を棚卸資産とする事業者でなくても、福利厚生や贈答のために飲食料品の課税仕入れを行うことや新聞の定期購読を行うことがあると思われます。したがって、一般の事業者の多くは、課税仕入れのすべて

10　消費税法施行規則の一部を改正する省令（平成15年９月30日財務省令第92号）附則２条。

について、標準税率が適用されるものか、軽減税率が適用されるものかを区分して記帳し、これをもとに税率ごとの仕入総額を算出して仕入税額（控除対象仕入税額）を計算することになります（改正法附則34②）。

(2) 税率ごとの積上げ計算（特例）

控除対象仕入税額の計算について、交付を受けた領収書に明示された消費税額を積み上げて計算するいわゆる「積上げ計算」が認められます（総額表示通達14）。この特例を適用する場合には、明示された消費税額を税率が異なるごとに積み上げて計算することとなります（軽減通達25）。

ただし、この特例を適用すると、端数処理の関係から原則よりも控除税額が少なくなるので、適用している例はほとんど見られません。

(3) 仕入税額の計算の特例

軽減税率の導入当初は、課税仕入れを税率ごとに区分することにつき困難な事情がある事業者のために、仕入税額の計算の特例が設けられています（詳細は後掲）。

仕入税額の計算の特例は、中小事業者について認められています。

中小事業者以外の事業者には、仕入税額の計算の特例は適用されません。

Ⅸ　税額計算の特例
（区分記載請求書等保存方式における中小事業者の特例）

　消費税の申告書を作成するに当たっては、すべての課税資産の譲渡等及び課税仕入れ等を税率が異なるごとに区分していなければなりません。しかし、それが困難である場合も考えられます。

　そこで、中小事業者※1は、次の特例が措置されています。

① 課税資産の譲渡等を税率の異なるごとに区分することにつき「困難な事情」※2があるときは、「売上税額を計算の特例」を適用することができる（改正法附則38）。

② 課税仕入れを税率ごとに区分することにつき「困難な事情」があるときは、「仕入税額の計算の特例」を適用することができる（改正法附則39）。

③ 課税仕入れを税率ごとに区分することにつき「困難な事情」があるときは、簡易課税制度の選択について、届出時期の特例を適用することができる（改正法附則40①）。

※1　中小事業者
　　　中小事業者とは、基準期間における課税売上高が5000万円以下である事業者をいいます（改正法附則38）。法人であるか、個人事業者であるかは問いません。また、その課税期間の課税売上高が5000万円超であっても、関係ありません。
　　　これは、簡易課税制度の適用対象と同じ基準です。
　　　平成28年度税制改正において軽減税率制度が法制化された当初は、法律成立から軽減税率導入まで1年という短期間であったため、中小事業者については事務能力の観点から、中小事業者以外についてはシステム改修のための期間が確保されないという観点から、全ての事業者について売上税額の計算の特例及び仕入税額の計算の特例が設けられました。
　　　しかし、軽減税率導入の時期が2年半延期されたことから、システム改修が間に合わないといった事態は回避できると判断され、これらの特例は中小事業者に限って措置されることとなりました。
※2　「困難な事情」
　　　税額計算の特例の適用については、税率が異なるごとに区分することにつき

134

「困難な事情」があることが要件となっています（改正法附則38①②④、39①、40①）。

　この「困難な事情」については、その困難の度合いを問われません。例えば、事業者が税率の異なるごとの管理が行えないことなどにより、その期間中の課税資産の譲渡等の税込価額を税率の異なるごとに区分して合計することが困難である場合をいい、そのような場合には、これらの特例を適用することができます（軽減通達21）。

　「困難な事情」という要件については、これまでも、上記のように取り扱われてきた経緯があります。消費税法の創設時において、昭和63年12月30日法律第108号附則5条2項は、「基準期間における課税売上高を計算することにつき困難な事情があるときは、第9条第2項の規定にかかわらず、昭和64年1月1日から平成元年2月28日までの期間における課税売上高（……）に6を乗じて計算した金額を基準期間における課税売上高とすることができる。」としていました。この特例計算は、事業者自身が困難な事情があると判断していれば、その適用を制限されることはありませんでした。

❶　売上税額の計算の特例

　売上税額の計算の特例には、次の2つがあります（改正法附則38）。

売上税額の計算の特例	概　要
10日間特例 （軽減売上割合の特例）	課税売上げの合計額に、「軽減売上割合」を乗じて、軽減対象資産に係る課税売上げを算出し、売上税額を計算する方法 （注）　50%特例…主として軽減対象資産の譲渡等を行う事業者は、「軽減売上割合」を50%とすることができる
売上げの卸小売特例 （小売等軽減仕入割合の特例）	卸売業及び小売業に係る課税売上げの合計額に、「小売等軽減仕入割合」を乗じて、その事業の軽減対象資産に係る課税売上げを算出し、売上税額を計算する方法 （注）　50%特例…主として軽減対象資産の譲渡等を行う事業者は、「小売等軽減仕入割合」を50%とすることができる

(1) 10日間特例（軽減売上割合の特例）

　10日間特例（軽減売上割合の特例）は、通常の事業を行う連続する10営

業日について軽減対象資産の譲渡等を区分して計算した「軽減売上割合」を用いて、軽減対象資産の譲渡等の対価の額の合計額を計算する特例です（改正法附則38①④）。

【10日間特例を適用した場合の税込売上高の計算方法】

 ＝ 課税資産の譲渡等の税込価額の合計額 ×

$$\frac{\text{分母のうち、軽減対象資産の譲渡等の税込価額の合計額}}{\text{通常の事業を行う連続する10営業日の課税資産の譲渡等の税込価額の合計額}}$$

（注）　「50%特例」により、軽減売上割合を50%とすることができます。

標準税率税込売上額（10%税込売上高）＝ 課税資産の譲渡等の税込価額の合計額 － 軽減対象税込売上額

①　通常の事業を行う連続する10営業日

　軽減売上割合の計算において、「通常の事業を行う連続する10営業日」とは、特例の適用を受けようとする期間内の通常の事業を行う連続する10営業日であれば、いつであるかは問いません（軽減通達22）。

　ただし、「特別な営業」により、ある10日間について飲食料品の譲渡のみを行うといった営業日は「通常の事業」を行う営業日に含まれません。このような「通常の事業」でない営業日を除いた前後の連続する期間の合計10営業日については、「通常の事業を行う連続する10営業日」となります（軽減通達22）。

　飲食料品を販売する店舗において、例えば、日常的に行っている特売セールや、通常行っている週末セールは、「特別の営業」にはあたりません。このようなセールを行う日を含む連続する10営業日は、「通常の事業

を行う連続する10営業日」となります。

② 複数の軽減売上割合を計算した場合

「通常の事業を行う連続する10営業日」とは、特例の適用を受けようとする期間内の通常の事業を行う連続する10営業日であれば、いつかは問われません（軽減通達22）。

例えば、1か月間（31日間）の課税売上げを税率ごとに区分することができれば、「通常の事業を行う連続する10営業日」における「軽減売上割合」は、22個、計算されることになります。これらのうち、最も有利な割合を適用することができます。

③ 複数の事業を行っている場合

複数の事業を行っている場合には、それぞれの事業ごとに算出した軽減売上割合によることができます（改正令附則14①）。

④ 50％特例

主として軽減対象資産の譲渡等を行う事業者は、軽減売上割合を計算することにつき「困難な事情」があるときは、軽減売上割合を50％とすることができます（改正法附則38④）。

「主として軽減対象資産の譲渡等を行う事業者」とは、国内において行った課税資産の譲渡等の対価の額のうち、軽減対象資産の譲渡等の対価の額の占める割合がおおむね50％以上である事業者をいいます（軽減通達23）。

⑤ 簡易課税制度を適用している場合

10日間特例（軽減売上割合の特例）は、簡易課税制度を適用している場

合であっても適用することができます。

(2) 売上げの卸小売特例（小売等軽減仕入割合の特例）

　売上げの卸小売特例（小売等軽減仕入割合の特例）は、卸売業及び小売業に係る軽減対象資産の譲渡等にのみ要する課税仕入れ等を区分して計算した「小売等軽減仕入割合」を用いて、卸売業及び小売業に係る軽減対象資産の譲渡等の対価の額の合計額を計算する特例です（改正法附則38②）。

【売上げの卸小売特例を適用した場合の税込売上高の計算方法】

軽減対象小売等税込売上額	=	卸売業及び小売業に係る課税資産の譲渡等の税込価額の合計額	×	小売等軽減仕入割合

$$\frac{\text{分母のうち、軽減対象資産の譲渡等にのみ要するものの金額}}{\text{卸売業及び小売業にのみ要する課税仕入れ等の税込対価の額の合計額}}$$

（注）　「50％特例」により、軽減売上割合を50％とすることができます。

卸業及び小売業に係る標準税率税込売上額（10％税込売上高）	=	卸売業及び小売業に係る課税資産の譲渡等の税込価額の合計額	−	軽減対象小売等税込売上額

①　複数の事業を行っている場合

　複数の卸売業又は小売業を行っている場合には、それぞれの卸売業又は小売業について算出した小売等軽減仕入割合によることができます（改正令附則14②）。

②　50％特例

　主として軽減対象資産の譲渡等を行う事業者は、軽減売上割合を計算す

ることにつき「困難な事情」があるときは、軽減売上割合を50％とすることができます（改正法附則38④）。

　「主として軽減対象資産の譲渡等を行う事業者」とは、国内において行った課税資産の譲渡等の対価の額のうち、軽減対象資産の譲渡等の対価の額の占める割合がおおむね50％以上である事業者をいいます（軽減通達23）。

③　10日間特例又は簡易課税の適用がある場合

　この特例は、（1）の10日間特例（軽減売上割合の特例）を適用する課税期間又は簡易課税制度の適用を受ける課税期間においては、適用することができません（改正法附則38②）。

　また、この計算は、卸売業及び小売業に係る課税資産の譲渡等について適用し、これら以外の業種に係る課税資産の譲渡等については、通常の税額計算の方法によることになります。

　卸売業及び小売業については売上げの卸小売特例を適用し、それ以外の事業については10日間特例を適用するといったことはできません。

(3)　売上税額の特例の適用関係

　複数の事業を営んでいる場合には、その事業ごとに「軽減売上割合」又は「小売等軽減仕入割合」を算出することができます（改正令附則14①②）。

　例えば、A事業（製造業）、B事業（小売業）及びC事業（卸売業）を営んでいる事業者の場合には、次のような判断となります。

区　分	適用可能				適用不可
	パターン１	パターン２	パターン３	パターン４	パターン５
A事業 （製造業）	すべての事業の合計額から算出した割合で10日間特例	A事業から算出した割合で10日間特例	本来の計算	本来の計算	A事業から算出した割合で10日間特例
B事業 （小売業）		B及びC事業から算出した割合で10日間特例		B事業から算出した割合で卸小売特例	B及びC事業から算出した割合で卸小売特例
C事業 （卸売業）			C事業から算出した割合で卸小売特例	C事業から算出した割合で卸小売特例	

(4) 適用期間

　売上税額の計算の特例は、令和元年10月１日から令和５年９月30日までの４年間において適用することができます（改正法附則38①～④）。

(5) 売上対価の返還等についての特例の適用

　売上げに係る対価の返還等をした場合には、その対価の返還等の対象となった課税資産の譲渡等の事実に基づき、標準税率又は軽減税率を適用して売上対価の返還等に関する処理を行います。

　ただし、10日間特例又は売上げの卸小売特例の適用を受けた課税資産の譲渡等につき、その売上げに係る対価の返還等の金額を税率の異なるごとに区分することが困難な場合には、その対価の返還等の金額にその課税資産の譲渡等を行った課税期間における軽減売上割合又は小売等軽減仕入割合（これを50％とした場合は50％）を乗じて計算した金額によることができます（改正法附則38⑤）。

(6) 貸倒れについての特例の適用

　課税資産の譲渡等に係る売掛金等の債権につき、貸倒れにより税込価額を領収することができなくなった場合には、その領収をすることができなくなった課税資産の譲渡等の事実に基づき、標準税率又は軽減税率を適用して貸倒れに関する処理を行います。

　ただし、10日間特例又は売上げの卸小売特例の適用を受けた課税資産の譲渡等につき、その領収をすることができなくなった税込価額を税率の異なるごとに区分することが困難な場合には、その領収をすることができなくなった税込価額にその課税資産の譲渡等を行った課税期間における軽減売上割合又は小売等軽減仕入割合（これを50％とした場合は50％）を乗じて計算した金額によることができます（改正法附則38⑥）。

❷　仕入税額の計算の特例

　仕入税額の計算の特例として、仕入れの卸小売特例があります（改正法附則39、40）。

　仕入税額については、10日間特例（軽減売上割合の特例）に見合う特例はありません。

仕入税額の計算の特例	概　要
仕入れの卸小売特例 （小売等軽減売上割合の特例）	卸売業及び小売業に係る課税仕入れ等の合計額に、「小売等軽減売上割合」を乗じて、その事業の軽減対象資産に係る課税仕入れを算出し、仕入税額を計算することができる

　仕入れの卸小売特例（小売等軽減売上割合の特例）は、卸売業及び小売業に係る軽減対象資産の譲渡等の対価の額を区分して計算した「小売等軽減売上割合」を用いて、卸売業及び小売業に係る軽減対象資産の仕入れ等の税額を計算する特例です（改正法附則39①）。

【仕入れの卸小売特例を適用した場合の税込売上高の計算方法】

軽減対象小売等税込課税仕入れ等の金額	＝	卸売業及び小売業に係る課税仕入れ等に係る税込支払対価の額の合計額	×	小売等軽減売上割合

$$\frac{分母のうち、軽減対象資産の譲渡等の税込価額の合計額}{卸売業及び小売業に係る課税資産の譲渡等の税込価額の合計額}$$

標準税率対象小売等税込課税仕入れ等の金額（10％税込仕入高）	＝	卸売業及び小売業に係る課税仕入れ等に係る税込支払対価の額の合計額	－	軽減対象小売等税込課税仕入れ等の金額

(1) 売上げについて10日間特例（軽減売上割合の特例）を適用する場合

　売上げについて10日間特例（軽減売上割合の特例）を適用する場合には、「軽減売上割合」を「小売等軽減売上割合」とみなして軽減対象資産の仕入税額を計算します（改正令附則15①）。

　「50％特例」により、「軽減売上割合」を50％としているときは、「小売等軽減売上割合」も50％になります（改正令附則15①）。

(2) 複数の事業を行っている場合

　複数の卸売業又は小売業を行っている場合には、それぞれの卸売業又は小売業について算出した小売等軽減売上割合によることができます（改正令附則14③）。

(3) 売上げの卸小売特例又は簡易課税制度の適用がある場合

　仕入れの卸小売特例（小売等軽減売上割合の特例）は、売上げの卸小売特例（小売等軽減仕入割合の特例）又は簡易課税制度の適用を受ける課税

期間においては、適用することができません（改正法附則39①）。

(4) 適用期間

　仕入れの卸小売特例（小売等軽減売上割合の特例）は、令和元年10月１日から令和２年９月30日の属する課税期間の末日までの期間において適用することができます（改正法附則39①）。

(5) 仕入対価の返還等についての特例の適用

　仕入れに係る対価の返還等を受けた場合には、その対価の返還等の対象となった課税仕入れの事実に基づき、標準税率又は軽減税率を適用して仕入対価の返還等に関する処理を行います。

　ただし、卸小売特例の適用を受けた課税仕入れにつき、その仕入れに係る対価の返還等の金額を税率の異なるごとに区分することが困難な場合には、その対価の返還等の金額にその課税仕入れ等を行った課税期間における小売等軽減売上割合を乗じて計算した金額によることができます（改正法附則39②）。

❸　簡易課税制度の届出特例

(1) 事後選択が可能

　簡易課税制度選択届出書の効力は、原則として、その届出書を提出した課税期間の翌課税期間の初日以後発生します（消法37①）。

　ただし、軽減税率制度の導入当初においては、届出時期の特例が措置されており、基準期間における課税売上高が5000万円以下である事業者は、課税仕入れ等を税率の異なるごとに区分することにつき「困難な事情があるとき」は、令和元年10月１日から令和２年９月30日までの日の属する課

税期間の末日までに簡易課税制度選択届出書を所轄税務署長に提出し、その提出した日の属する課税期間から簡易課税制度を適用することができます（改正法附則40①）。

令和元年10月１日から令和２年９月30日までの日の属する課税期間	→	提出した課税期間から適用（簡易課税制度の事後選択が可能）

（注）　特例を適用する場合の簡易課税制度選択届出書は、令和元年７月１日から提出することができます（改正法附則１三ハ、40③）。

(2) 課税期間ごとに適用

　簡易課税制度は、その課税期間の控除対象仕入税額について、本来の計算に代えて、売上げに係る消費税額にみなし仕入率を乗じて計算するものです。たとえ課税期間の中途において軽減税率が導入される場合であっても、また、届出特例によったとしても、課税期間ごとに適用があるかどうかを判断することになります。

　したがって、令和元年10月１日をまたぐ課税期間において、令和元年９月30日までは一般課税、令和元年10月１日以後は簡易課税制度を適用するといったことはできません。

(3) 簡易課税制度の適用制限との関係

① 簡易課税制度の適用制限

　次のイ〜ニの場合には、その調整対象固定資産又は高額特定資産の仕入れ等の日の属する課税期間の初日から、同日以後３年を経過する日の属する課税期間の初日の前日までの間は、簡易課税制度選択届出書を提出することはできません（消法37③）。いわゆる「３年しばり」です。

イ　課税事業者を選択して、その継続適用期間中に調整対象固定資産の仕入れ等を行い一般課税により申告した場合

ロ　新設法人が、基準期間がない期間中に調整対象固定資産の仕入れ等を行い一般課税により申告した場合

ハ　特定新規設立法人が、基準期間がない期間中に調整対象固定資産の仕入れ等を行い一般課税により申告した場合

ニ　課税事業者が、高額特定資産の仕入れ等を行い一般課税により申告した場合

② 適用制限の除外

　上記の３年しばりに該当する場合であっても、令和元年10月１日から令和２年９月30日の属する課税期間の末日までの期間中において行った課税仕入れ等を税率の異なるごとに区分することにつき「著しく困難な事情」があるときは、適用制限の取扱いから除外され、「簡易課税制度の届出特例」が適用されます（改正法附則40②）。

③ 「著しく困難な事情」

　売上げについて10日間特例（軽減売上割合の特例）、売上げの卸小売特例（小売等軽減仕入割合の特例）を適用することができるのは、課税資産の譲渡等に係る対価の額を税率が異なるごとに区分することにつき「困難な事情」があるときです（改正法附則38①②④）。また、仕入れの卸小売特例（小売等軽減売上割合の特例）及び簡易課税制度の届出特例も、課税仕入れ等を税率が異なるごとに区分することにつき「困難な事情」があるときに適用できるものとされています（改正法附則39①、40①）。

　上述のとおり、この「困難な事情」があるときという要件は、困難の度

合いを問われません（軽減通達21）。

　他方、簡易課税制度の適用制限の除外規定については、「著しく困難な事情」があるときが要件となっています（改正法附則40②）。

　これは、調整対象固定資産や高額特定資産の仕入れ等をした一般の事業者には簡易課税の事後選択を認めつつ、租税回避を考える事業者が簡易課税制度を適用することを防ぐ趣旨であり、「困難な事情」があるときという要件とは異なるものです。

　例えば、その課税期間中に軽減対象資産の課税仕入れとそれ以外の課税仕入れがある場合であっても、軽減対象資産の課税仕入れがそれ以外の課税仕入れの回数に比し、著しく少ない場合などは、帳簿、保存書類等からこれらの課税仕入れを容易に区分することができると考えられ、他に考慮すべき事情があるときを除き、「著しく困難な事情」があるときには該当しません（軽減通達24）。

　また、例えば、建設業や不動産業など主として軽減対象資産の課税仕入れを行うものでない事業者が、自動販売機を設置した場合の清涼飲料水の仕入れや、福利厚生、贈答用として菓子等を仕入れた場合は、「著しく困難な事情」があるときに該当しません。

(4)　簡易課税制度のみなし仕入率の見直し

　簡易課税制度においては、売上げに適用される税率を基に仕入税額の計算が行われることとなります。

　飲食料品に該当し軽減税率8％が適用される売上げであっても、そのための仕入れには標準税率10％が適用されるものが存在するはずです。しかし、控除対象仕入税額は、売上げの税額から自動的に算出されるため、そのような仕入れの存在は考慮されません。また、レストランの売上げには10％の標準税率が適用され、その売上げに係る消費税額から控除対象仕入

税額を計算しますが、食材の仕入れには軽減税率が適用されます。

したがって、複数税率制度下での簡易課税制度においては、売上げと仕入れの税率区分やその割合に応じて、業種区分を細分化してみなし仕入率を設定する必要があると考えられます。

区分	軽減税率導入の影響	
飲食料品の小売又は卸売を行う事業	売上げの税率：8％ 仕入れの税率：8％又は10％	従来よりも不利になる
飲食料品の製造販売を行う事業	売上げの税率：8％ 仕入れの税率：8％又は10％	従来よりも不利になる
レストラン事業	売上げの税率：10％ 仕入れの税率：8％又は10％	従来よりも有利になる

平成30年度税制改正においては、農業、林業、漁業のうち、消費税の軽減税率が適用される飲食料品を譲渡する事業を第2種事業とし、そのみなし仕入率を80％とすることとされました。

みなし仕入率80％は、令和元年10月1日以後に行う課税資産の譲渡等に適用されます。令和元年10月1日をまたぐ課税期間においては、課税期間の途中で事業区分を変更することになります。

【令和元年9月30日まで】
農業、林業、漁業は、すべて第3種事業（みなし仕入率70％）

↓

【令和元年10月1日以後】
農業、林業、漁業のうち飲食料品の譲渡を行う事業は、
第2種事業（みなし仕入率80％）

❹ 税額計算の特例の適用の組合せ

売上税額の計算の特例と仕入税額の計算の特例とは、○を付けた組合せで適用することができます。

なお、売上税額の計算について、10日間特例と売上げの卸小売特例とは、

併用することができません。

区　分		売上税額の計算		
		特例計算なし	特例計算あり	
			売上げの卸小売特例	10日間特例
仕入税額の計算	一　般　課　税		○	○
	簡　易　課　税		×	○
特例計算あり	簡易課税制度の届出特例	○	×	○
	仕入れの卸小売特例（簡易課税の適用なし）	○	×	○

(1) 売上げに10日間特例を適用する場合

① 卸売業又は小売業を営む中小事業者

　売上げについて、10日間特例を適用する場合であっても、卸売業又は小売業を営む中小事業者は、仕入れの卸小売特例を適用することができます。

　この場合、「通常の連続する10営業日の課税売上げに占める割合」である軽減売上割合を小売等軽減売上割合とします。10日間特例について50%特例を適用した場合は、小売等軽減売上割合も50%となります。

② 全ての中小事業者（卸売業又は小売業を営むものを含む）

　売上げについて、10日間特例を適用する場合であっても、中小事業者は、簡易課税制度を適用することができ、届出特例を適用することができます。

　ただし、簡易課税制度の適用制限に留意する必要があります。

(2) 売上げに卸小売特例を適用する場合

　売上げについて、卸小売特例を適用する場合は、仕入税額に特例を適用することはできません。また、簡易課税制度を適用することもできません。

(3) フローチャート

　上記の説明をフローチャートにすると、次のようになります。

売上税額		仕入税額
全ての売上げを税率ごとに区分している（売上税額の特例なし）	YES →	本来の計算のほか、次によることができる。 ○　卸小売業につき、仕入れの卸小売特例を適用する ○　簡易課税制度を適用する（届出特例利用可能）
↓ NO		
売上げに10日間特例を適用する（50%特例あり）	YES →	本来の計算のほか、次によることができる ○　卸小売業につき、仕入れの卸小売特例を適用する ※軽減売上割合が小売等軽減売上割合となる ※軽減売上割合に50%特例を適用すると小売等軽減売上割合も50%になる ○　簡易課税制度を適用する（届出特例利用可能）
↓ NO		
売上げの卸小売特例を適用する（50%特例あり）	YES →	税率ごとに区分して本来の計算を行う 仕入税額の特例は適用できない ×　仕入れの卸小売特例 ×　簡易課税制度

X 適格請求書等保存方式
（令和5年10月以後の仕入税額控除）

「適格請求書等保存方式」（日本型インボイス制度）は、令和5年10月1日に導入することとされています（改正法附則1九）。

「適格請求書等保存方式」とは、「適格請求書発行事業者登録制度」（いわゆる事業者登録制度）を基礎として、原則として、「適格請求書発行事業者」から交付を受けた登録番号の記載のある「適格請求書」、「適格簡易請求書」又は「これらの書類の記載事項に係る電磁的記録（いわゆる電子インボイス）」のいずれかの保存及び帳簿の保存を、仕入税額控除の要件とするものです（新消法30①⑦、57の4①）。したがって、原則として、免税事業者や消費者からの課税仕入れは、仕入税額控除の対象となりません。

また、適格請求書発行事業者には、適格請求書等の交付及び写しの保存の義務があります（新消法57の4①⑤）。

❶ 適格請求書発行事業者登録制度

「適格請求書発行事業者」とは、課税事業者であって、自ら税務署長に申請し、適格請求書を交付することのできる事業者として登録を受けた事業者をいいます（新消法57の2①～③）。

事業者から、登録申請書の提出を受けた税務署長は、登録拒否要件に該当しない場合には、適格請求書発行事業者登録簿に法定事項を登載して登録を行い、登録を受けた事業者に対して、その旨を書面で通知することとされています（新消法57の2③④⑤⑦）。

(1) 登録番号の構成

登録番号の構成は、次のとおりです（インボイス通達2－3）。

区　　分	登録番号
法人番号を有する課税事業者	「T」（ローマ字）＋法人番号（数字13桁） 例：T1234567890123
法人番号を有しない課税事業者 （個人事業者、人格のない社団等）	「T」（ローマ字）＋数字13桁 マイナンバー（個人番号）は用いない

(2) 登録の拒否

　事業者が、消費税法の規定に違反して罰金以上の刑に処せられ、その執行が終わり、又は執行を受けることがなくなった日から2年を経過しない者は、登録を受けることができません（新消法57の2⑤）。

(3) 登録の取消し

　税務署長は、次の場合に適格請求書発行事業者の登録を取り消すことができます（新消法57の2⑥）。

　イ　1年以上所在不明であること。
　ロ　事業を廃止したと認められること。
　ハ　合併により消滅したと認められること。
　ニ　消費税法の規定に違反して罰金以上の刑に処せられたこと。

(4) 適格請求書発行事業者の公表

　交付を受けた請求書等が適格請求書に該当することを客観的に確認できるよう、適格請求書発行事業者登録簿に登載された事項については、インターネットを通じて公表されます（新消令70の5）。

　適格請求書発行事業者登録簿の登載事項は、次のとおりです（新消令70
の5①）。

> イ　適格請求書発行事業者の氏名又は名称及び登録番号
> ロ　登録年月日
> ハ　法人（人格のない社団等を除く。）については、本店又は主たる事務所
> 　の所在地
> ニ　特定国外事業者※以外の国外事業者については、国内において行う資
> 　産の譲渡等に係る事務所、事業所その他これらに準ずるものの所在地

> 　※　特定国外事業者とは、事務所、事業所等を国内に有しない国外事業者をいいま
> 　　す。特定国外事業者は、消費税に関する税務代理人があること等が登録の要件と
> 　　なります（新消法57の2⑤二）。

(5) 登録申請の時期

①　申請の受付開始

　適格請求書発行事業者の申請の受付は、令和3年10月1日に開始します
（改正法附則1八、44①）。

②　令和5年10月1日に登録を受けようとする場合

　適格請求書等保存方式が導入される令和5年10月1日に登録を受けよう
とする事業者は、令和5年3月31日まで（特定期間における課税売上高が
1000万円を超えたことにより課税事業者となる場合は令和5年6月30日ま
で）に登録申請書を所轄税務署長に提出する必要があります（改正法附則
44①）。

　ただし、令和5年3月31日まで（特定期間における課税売上高が1000万
円を超えたことにより課税事業者となる場合は令和5年6月30日まで）に
登録申請書を提出できなかったことにつき困難な事情がある場合において、

令和5年9月30日までの間に登録申請書にその困難な事情を記載して提出し、税務署長により適格請求書発行事業者の登録を受けたときは、令和5年10月1日に登録を受けたこととみなされます（30年改正令附則15）。

なお、「困難な事情」については、その困難の度合いは問いません（インボイス通達5－2）。

(6) 登録の取りやめ

適格請求書発行事業者は、納税地を所轄する税務署長に、「登録取消届出書」（「適格請求書発行事業者の登録の取消しを求める旨の届出書」）を提出することにより、適格請求書発行事業者の登録の効力を失わせることができます（新消法57の2⑩一）。

登録の効力が失われる日は、次のとおりです（新消法57の2⑩一）。

登録取消届出書の提出日	登録の効力が失効する日
課税期間の末日から起算して30日前の日まで	登録取消届出書の提出があった日の属する課税期間の翌課税期間の初日
課税期間の末日から起算して30日前の日から、その課税期間の末日までの間	その提出があった日の属する課税期間の翌々課税期間の初日

(注) 1 適格請求書発行事業者が事業を廃止し、「適格請求書発行事業者の事業廃止届出書」を提出した場合は、事業を廃止した日の翌日に登録の効力が失われます（新消法57の2⑩二、インボイス通達2－8）。
2 適格請求書発行事業者である法人が合併により消滅し、「合併による法人の消滅届出書」を提出した場合には、法人が合併により消滅した日に登録の効力が失われます（新消法57の2⑩三、インボイス通達2－7）。

(7) 事業者免税点制度との適用関係

免税事業者は適格請求書発行事業者になることはできません。また、適格請求書発行事業者には、事業者免税点制度は適用されません（新消法9①、インボイス通達2－5）。

① 納税義務の免除の適用を受ける場合

　適格請求書発行事業者は、基準期間における課税売上高及び特定期間における課税売上高が1000万円以下となっても、上記**(6)**のとおり、その課税期間が開始する30日前の日までに取りやめの手続きを行わない限り、免税事業者となることはできません。

② 令和5年10月1日の属する課税期間に課税事業者を選択して登録する場合

　免税事業者が適格請求書発行事業者の登録を受けるためには、課税事業者選択届出書を提出し、課税事業者となる必要があります（インボイス通達2－1）。

　ただし、免税事業者が令和5年10月1日の属する課税期間中に登録を受ける場合には、課税選択届出書を提出する必要はありません。

　令和5年3月31日までに登録申請書を提出すれば、登録拒否要件に該当しない限り、令和5年10月1日に登録され、適格請求書発行事業者である課税事業者となります（改正法附則44④、インボイス通達5－1）。

③ 令和5年10月1日の属する課税期間の翌課税期間以後に課税事業者を選択して登録する場合

　免税事業者が令和5年10月1日の属する課税期間の翌課税期間以後に登録を受ける場合には、登録申請書及び課税事業者選択届出書を提出する必要があります（インボイス通達2－1）。

　免税事業者が翌課税期間から課税事業者となることを選択し登録を受けようとする場合は、その翌課税期間の初日の前日から起算して1月前の日（登録日が1月1日であればその前年の11月30日）までに、課税事業者選択届出書及び登録申請書を提出しなければなりません（新消法57の2②、新消令70の2）。

❷ 適格請求書発行事業者による適格請求書等の交付

(1) 交付及び保存の義務

　適格請求書発行事業者は、課税事業者から求められたときは、次の **(2)** の「適格請求書の交付義務が免除されるもの」を除き、「適格請求書」又は「適格簡易請求書」を交付し、その写しを保存しなければなりません（新消法57の4①⑥）。

　また、「適格請求書」又は「適格簡易請求書」の交付に代えて、「これらの書類に記載すべき事項に係る電磁的記録（電子インボイス）」を提供し、その電磁的記録を保存することができます（新消法57の4⑤）。

> （注）　平成28年度の改正法においては、あらかじめ買い手の承諾を得て、「適格請求書」の交付に代えて、「適格請求書の記載すべき事項に係る電磁的記録（電子インボイス）」を提供することができるものとされ、適格簡易請求書については、電磁的記録による提供の対象外となっていました（新消法57の4⑤）。
> 　しかし、いわゆる電子レシートの普及の実態等を踏まえ、平成30年度の改正により、適格簡易請求書についても、その記載事項に係る電磁的記録を提供することができることとされました。
> 　また、仕入税額控除の要件として、適格請求書等の記載事項に係る電磁的記録を受領した場合の保存方法は、平成30年度税制改正において、改正前の電子帳簿保存法に準じた方法に加え、その電磁的記録を書面に出力したものを保存する方法も認められることとされました。このため、適格請求書発行事業者の交付義務について、仕入税額控除を行う事業者が電磁的記録の保存に対応できない場合を想定した取扱いが必ずしも必要でなくなったこと等を踏まえ、適格請求書等の記載事項に係る電磁的記録を提供する場合に、あらかじめ課税資産の譲渡等を受ける事業者の承諾を得ることとする要件は削除されました。

　以下では、「適格請求書」、「適格簡易請求書」、「電子インボイス」をあわせて、「適格請求書等」といいます。

　また、売上対価の返還等を行った場合には、「適格返還請求書」を交付しなければなりません。

(2) 適格請求書の交付義務が免除されるもの

　次の課税資産の譲渡等については、適格請求書等の交付義務が免除され

ます。適格請求書及び適格簡易請求書のいずれも交付する義務はありません（新消法57の4①、新消令70の9）。

適格請求書の交付義務が免除されるもの
①　3万円未満の公共交通機関（船舶、バス又は鉄道）による旅客の運送（公共交通機関特例） ②　出荷者が卸売市場において行う生鮮食料品等の譲渡（出荷者から委託を受けた受託者が卸売の業務として行うものに限る。） ③　生産者が農協、漁協、森林組合等に委託して行う農林水産物の譲渡（無条件委託方式かつ共同計算方式により生産者を特定せずに行うものに限る。） ④　3万円未満の自動販売機による商品の販売等 ⑤　郵便切手類のみを対価とする郵便・貨物サービス（郵便ポストに差し出されたものに限る。）

　①の3万円未満の公共交通機関による旅客の運送かどうかは、1回の取引の税込価額が3万円未満かどうかで判定します（インボイス通達3－9）。したがって、1商品（切符1枚）ごとの金額や、月まとめ等の金額で判定することにはなりません。東京―大阪間の新幹線の大人運賃が13,000円であり、4人分の運送役務の提供を行う場合には、4人分の52,000円で判定することとなります（インボイスQ&A問25）。

(3)　保存期間

　適格請求書等、適格返還請求書は、交付した日又は提供した日の属する課税期間の末日の翌日から2月を経過した日から7年間、納税地又はその取引に係る事務所、事業所その他これらに準ずるものの所在地に保存しなければなりません（新消令70の13①）。

(4)　適格請求書

　「適格請求書」とは、次に掲げる事項を記載した請求書、納品書その他これらに類する書類をいいます（新消法57の4①）。

様式の定めはありません。また、手書きであっても、かまいません。

　請求書、納品書、領収書、レシート等、その名称を問わず、次の事項の記載のあるものは、適格請求書に該当します（新消法57の4①、インボイス通達3-1）。

適格請求書の記載事項
❶　適格請求書発行事業者の氏名又は名称及び登録番号
❷　課税資産の譲渡等を行った年月日
❸　課税資産の譲渡等に係る資産又は役務の内容（軽減対象資産の譲渡等にはその旨）
❹　税抜価額又は税込価額を税率の異なるごとに区分して合計した金額及び適用税率
❺　税率ごとに区分した消費税額等（消費税額及び地方消費税額の合計額）
❻　書類の交付を受ける事業者の氏名又は名称

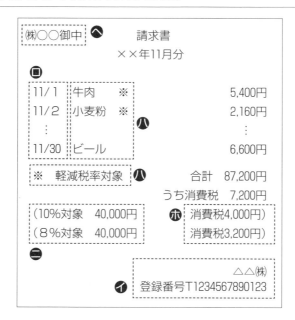

①　❶の適格請求書発行事業者の名称は、請求書を交付する事業者が特定できる場合には、屋号や省略した名称などの記載でも差し支えありませ

ん。例えば、電話番号を記載するなどの方法により、適格請求書を交付
する事業者が特定できます。

② 　❼の登録番号は、半角・全角を問いません。

③ 　「軽減対象資産の譲渡等にはその旨」は、上記❹のように、請求書等
に「※軽減税率対象」と脚注をしてこのような記号を用いることができ
ます。

④ 　❺の消費税額等は、次のいずれかによって算出した金額です（新消法
57の4①五、②五、新消令70の10）。

　ⅰ）税抜価額を税率の異なるごとに区分して合計した金額に、標準税率
　　は10％、軽減税率は8％を乗じて計算した金額

　ⅱ）税込価額を税率の異なるごとに区分して合計した金額に、標準税率
　　は110分の10、軽減税率は108分の8を乗じて計算した金額

　　　1円未満は、一の適格請求書につき、税率ごとに、切上げ、切捨て、
　　四捨五入など1回の端数処理を行います（新消令70の10、インボイス
　　通達3－12、インボイスQ＆A問36）。一の適格請求書に記載されて
　　いる個々の商品ごとに消費税額等を計算し、1円未満の端数処理を行
　　い、その合計額を消費税額等として記載することは認められません。

⑤ 　上記の記載事項は、一枚の請求書にそのすべてが記載されていなくて
もかまいません。例えば、日々の取引の内容（軽減税率の対象である旨
を含みます。）については納品書に記載し、登録番号や課税資産の譲渡
等の税抜価額又は税込価額を税率ごとに区分して合計した金額及び適用
税率等他の事項は請求書に記載するなど、2種類の書類で適格請求書の
記載事項を満たすことで、適格請求書の交付義務を果たすことができま
す。

(5) 適格簡易請求書

　適格請求書発行事業者が、小売業、飲食店業、写真業、旅行業、タクシー業又は駐車場業等の不特定かつ多数の者に課税資産の譲渡等を行う事業を行う場合には、「適格請求書」に代えて「適格簡易請求書」を交付することができます（新消法57の4②、新消令70の11）。適格簡易請求書の交付に代えて、その記載事項に係る電磁的記録（電子インボイス）を提供することもできます（新消法57の4⑤）。

　適格請求書は「適用税率」及び「適用税率ごとの消費税額等」を記載事項としていますが、適格簡易請求書では「適用税率」又は「適用税率ごとの消費税額等」のいずれかを記載すればよいとされています。また、適格簡易請求書では、「書類の交付を受ける事業者の氏名又は名称」は、省略することができます。

適格請求書の記載事項	適格簡易請求書の記載事項
❶ 適格請求書発行事業者の氏名又は名称及び登録番号 ❷ 課税資産の譲渡等を行った年月日 ❸ 課税資産の譲渡等に係る資産又は役務の内容（軽減対象資産にはその旨）	→ 同左
❹ 税抜価額又は税込価額を税率の異なるごとに区分して合計した金額 ❺ 適用税率及び消費税額等	→ 同左 ❺ 消費税額等又は適用税率
❻ 書類の交付を受ける事業者の氏名又は名称	→ 省略

(6) 適格返還請求書

　適格請求書発行事業者が売上げに係る対価の返還等を行った場合には、次の事項を記載した「適格返還請求書」又は、その記載事項に係る電磁的記録を交付又は提供しなければなりません（新消法57の4③⑤）。

<table>
<tr><th colspan="2">適格返還請求書の記載事項</th></tr>
</table>

適格返還請求書の記載事項
❶　適格請求書発行事業者の氏名又は名称及び登録番号
❷　売上げに係る対価の返還等を行う年月日及び当該売上げに係る対価の返還等に係る課税資産の譲渡等を行った年月日
❸　売上げに係る対価の返還等に係る課税資産の譲渡等に係る資産又は役務の内容（軽減対象資産の譲渡等にはその旨）
❹　売上げに係る対価の返還等に係る税抜価額又は税込価額を税率の異なるごとに区分して合計した金額
❺　売上げに係る対価の返還等の金額に係る消費税額等又は適用税率

　ただし、適格請求書等の交付義務が免除される事業においては、適格返還請求書を交付する義務はありません（新消法57の4③、新消令70の9③）。

(7) 記載事項に誤りがあった場合

　適格請求書、適格簡易請求書又は適格返還請求書を交付した適格請求書発行事業者は、これらの書類の記載事項に誤りがあった場合には、これらの書類の交付先に対して、修正した適格請求書、適格簡易請求書又は適格返還請求書を交付しなければなりません（新消法57の4④⑤）。

　記載事項に誤りがある適格請求書の交付を受けた事業者は、仕入税額控除を行うために、売り手である適格請求書発行事業者に対して修正した適格請求書の交付を求め、その交付を受ける必要があります（交付を受けた事業者が追記や修正を行うことはできません。）。

適格請求書等の記載事項に誤りがあった場合	
書類を交付した適格請求書発行事業者	交付を受けた事業者
修正して再交付する義務がある	再交付を受けて保存する必要がある

❸ 適格請求書類似書類等の交付の禁止

　「適格請求書」、「適格簡易請求書」、「電子インボイス」を交付すること
ができるのは、税務署長に申請して登録を受けた適格請求書発行事業者だ
けです。適格請求書発行事業者でない者が、適格請求書発行事業者が作成
した適格請求書又は適格簡易請求書であると誤認されるおそれのある表示
をした書類（適格請求書類似書類）の交付又は提供を行うことは禁止され
ています（新消法57の5）。

　また、適格請求書発行事業者については、偽りの記載をした適格請求書
等の交付又は提供を行うことが禁止されています（新消法57の5）。

　これら禁止行為を行った者は、1年以下の懲役又は50万円以下の罰金に
処するものとされています（新消法65四）。

区分	禁止行為
適格請求書発行事業者	偽りの記載をした適格請求書等の交付又は提供
適格請求書発行事業者でない者	適格請求書類似書類の交付又は提供

❹ 仕入税額控除の要件

　適格請求書等保存方式の下では、所定の事項が記載された帳簿及び適格
請求書等の保存が仕入税額控除の要件とされます（新消法30⑦）。

(1) 帳簿の記載事項

　適格請求書等保存方式において保存すべき帳簿の記載事項は、次のとお
りです（新消法30⑧）。これは、区分記載請求書等保存方式における帳簿
の記載事項と同様です。相手方の登録番号を記載する必要はありません。

帳簿の記載事項

- ⓘ 課税仕入れの相手方の氏名又は名称（登録番号は不要）
- ◉ 課税仕入れを行った年月日
- ⓝ 課税仕入れに係る資産又は役務の内容（課税仕入れが他の者から受けた軽減対象資産の譲渡等に係るものである場合には、軽減対象資産の譲渡等に係るものである旨を付記する）
- ⊖ 課税仕入れに係る支払対価の額

---

① ⓘの課税仕入れの相手方の氏名又は名称は、取引先コード等の記号・番号等による表示が認められます。

② ⓝの課税仕入れに係る資産又は役務の内容についても、商品コード等の記号・番号等によることができます。ただし、その仕入れが課税取引かどうか、軽減対象課税資産の譲渡等かどうかの判別が明らかでなければなりません（インボイス通達4−5）。

③ 軽減対象資産の譲渡等に係るものである旨の記載は、「軽減」等と省略して記載することや事業者が定めた記号を付す方法によることができます。したがって、帳簿における税区分を「軽減対象資産の譲渡等」としていれば、この要件を満たすことになります。

④ 適格請求書等の保存を要せず帳簿の保存のみで仕入税額控除が認められる場合の帳簿の記載事項については、次頁の「❺ 適格請求書等の保存を要しない取引」を参照してください。

(2) 保存するべき請求書等

　課税仕入れについては、帳簿の保存に併せて、原則として、次に掲げるものの保存が仕入税額控除の要件となります（新消法30⑦⑨）。

課税仕入れにつき保存するべき請求書等
① 適格請求書
② 適格簡易請求書
③ 電子インボイス（①又は②の記載事項に係る電磁的記録）
④ 事業者が課税仕入れについて作成する仕入明細書、仕入計算書等の書類で、適格請求書の記載事項が記載されているもの（適格請求書発行事業者の確認を受けたものに限る。電磁的記録を含む。）
⑤ 出荷者から委託を受けた受託者が、卸売市場において卸売の業務として生鮮食料品等の譲渡を行う場合に作成する請求書、納品書等（受託者が発行する適格請求書等）
⑥ 生産者から委託を受けた農協、漁協、森林組合等が、無条件委託方式、かつ、共同計算方式により生産者を特定せずに農林水産物の譲渡を行う場合に作成する請求書、納品書等（農協等が発行する適格請求書等）

（注）　課税貨物の引取りについては、課税貨物の輸入の許可書等の保存が必要です。

❺　適格請求書等の保存を要しない取引

(1) 保存を要しない取引

　請求書等保存方式及び区分記載請求書等保存方式においては、課税仕入れに係る支払対価の額の合計額が3万円未満である場合に帳簿の保存のみで仕入税額控除が認められる特例（消法30⑦、消令49①）があります。

　令和5年10月1日以後は、これに代えて、次に掲げる課税仕入れについて、適格請求書等の保存を不要とする取扱いが設けられます（新消法30⑦、新消令49①）。

　これらは、所定の事項が記載された帳簿のみの保存により仕入税額控除が認められます（新消令49①、新消規15の4）。

適格請求書等の保存を要しない取引
①　公共交通機関特例の対象として適格請求書の交付義務が免除される３万円未満の公共交通機関による旅客の運送
②　適格簡易請求書の記載事項（取引年月日以外）が記載されている入場券等が使用の際に回収される取引（①に該当するものを除く。）
③　古物営業を営む者の適格請求書発行事業者でない者からの古物（古物営業を営む者の棚卸資産に該当するものに限る。）の購入
④　質屋を営む者の適格請求書発行事業者でない者からの質物（質屋を営む者の棚卸資産に該当するものに限る。）の取得
⑤　宅地建物取引業を営む者の適格請求書発行事業者でない者からの建物（宅地建物取引業を営む者の棚卸資産に該当するものに限る。）の購入
⑥　適格請求書発行事業者でない者からの再生資源及び再生部品（購入者の棚卸資産に該当するものに限る。）の購入
⑦　適格請求書の交付義務が免除される３万円未満の自動販売機及び自動サービス機からの商品の購入等
⑧　適格請求書の交付義務が免除される郵便切手類のみを対価とする郵便・貨物サービス（郵便ポストに差し出されたものに限る。）
⑨　従業員等に支給する通常必要と認められる出張旅費等（出張旅費、宿泊費、日当及び通勤手当）

　③、④、⑤、⑥は、適格請求書発行事業者以外の者から買い受けた場合に限り、帳簿のみの保存で仕入税額控除が認められます（新消法30⑦、新消令49①一ハ(1)～(4)）。相手方が適格請求書発行事業者である場合は、適格請求書の交付を受け、それを保存する必要があります。

　⑨について、社員に支給する出張旅費、宿泊費、日当等のうち、その旅行に通常必要であると認められる部分の金額については、課税仕入れに係る支払対価の額に該当し（基通11－2－1）、所得税が非課税となる範囲内（所基通9－3）で、帳簿のみの保存で仕入税額控除が認められることになります。

　また、従業員等に支給する通勤手当のうち、通勤に通常必要と認められる部分の金額は、課税仕入れに係る支払対価の額として取り扱われ（基通11－2－2）、帳簿のみの保存で仕入税額控除が認められます（新消令49

①一ニ、新消規15の４三）。

　「通勤者につき通常必要であると認められる部分」とは、事業者が通勤者に支給する通勤手当が、その通勤者がその通勤に必要な交通機関の利用又は交通用具の使用のために支出する費用に充てるものとした場合に、その通勤に通常必要であると認められるものをいい、所得税において非課税とされる上限15万円を超えていてもかまいません（インボイス通達４-10）。

(2)　適格請求書等の保存を要しない場合の帳簿の記載事項

　適格請求書等の保存を要せず帳簿の保存のみで仕入税額控除が認められる場合には、帳簿について、通常必要な記載事項に加え、次の事項の記載が必要となります。

> イ　帳簿のみの保存で仕入税額控除が認められるいずれかの仕入れに該当する旨（例えば、「３万円未満の鉄道料金」、「入場券等」など）
> ロ　仕入れの相手方の住所又は所在地

　ただし、次の者からの課税仕入れについては、ロの「仕入れの相手方の住所又は所在地」を記載する必要はありません（インボイス通達４-７）。

> ①　適格請求書の交付義務が免除される３万円未満の公共交通機関（船舶、バス又は鉄道）による旅客の運送について、その運送を行った者
> ②　適格請求書の交付義務が免除される郵便役務の提供について、その郵便役務の提供を行った者
> ③　課税仕入れに該当する出張旅費等（出張旅費、宿泊費、日当及び通勤手当）を支払った場合の当該出張旅費等を受領した使用人等
> ④　古物の購入の相手方（古物営業法により帳簿等へ相手方の氏名及び住所を記載することとされているもの以外のものに限る。）

⑤　質物の取得の相手方（質屋営業法により帳簿等へ相手方の氏名及び住所を記載することとされているもの以外のものに限る。）

⑥　建物の購入の相手方（宅地建物取引業法により帳簿等へ相手方の氏名及び住所を記載することとされているもの以外のものに限る。）

⑦　再生資源及び再生部品の購入の相手方（事業者以外の者から受けるものに限る。）

❻　税額計算の方法

(1)　売上げに係る税額の計算方法

　売上げに係る税額は、原則として、割戻し計算によって算出します（新消法45①）。

　ただし、適格請求書発行事業者が、交付した適格請求書又は適格簡易請求書の写しを保存している場合、電子インボイスの電磁的記録を保存している場合には、積上げ計算によることができます（新消法45⑤、新消令62①）。なお、現行制度における旧消費税法施行規則22条１項の「積上げ計算の特例」を容認する経過措置は、廃止されます。

売上税額の計算方法	
原則【割戻し計算】	特例【積上げ計算】
税率の異なるごとに区分した課税標準である金額の合計額にそれぞれ税率を乗じて計算する方法	交付・保存した適格請求書等に記載した消費税額等の額に78/100を乗じて算出した消費税額を積み上げて計算する方法

　令和元年10月１日以後は、合計税率10％、８％のいずれにおいても、国税と地方税の比率は78：22です。したがって、仮受消費税等の額の78/100相当額が国税部分の税額となります。

(2) 仕入れに係る税額の計算方法

　課税仕入れに係る消費税額は、原則として、積上げ計算によって算出します（新消法30①、新消令46①②）。

　ただし、売上げに係る税額の計算につき、「割戻し計算」による場合は、課税仕入れに係る消費税額についても「割戻し計算」によることができます（新消令46③）。

　これは、売上税額と仕入税額の計算方法の違いを利用した有利計算を排除する措置であると説明されています。

仕入税額の計算方法		
原則【積上げ計算】		特例【割戻し計算】
請求書等積上げ計算	帳簿等積上げ計算	
適格請求書等に記載された消費税額等の額に78/100を乗じて算出した消費税額を積み上げて計算する方法	課税仕入れの都度、課税仕入れに係る支払対価の額に10/110（軽減税率は8/108）を乗じて算出した金額（１円未満の端数は切捨て又は四捨五入）を仮払消費税額等として帳簿に計上し、その金額の合計額に78/100を乗じて算出した消費税額を積み上げて計算する方法	税率の異なるごとに区分した課税仕入れに係る対価の額の合計額にそれぞれ税率を乗じて計算する方法

　請求書等積上げ方式と帳簿積上げ方式との併用は可能です（インボイス通達４－３）。

　請求書等積上げ計算を適用する場合において、消費税額等の記載のない適格簡易請求書であるときは、課税仕入れに係る支払対価の額を基礎として消費税額等を計算し、１円未満の端数につき税率の異なるごとにその端数を切捨て又は四捨五入する処理ができます（新消令46①）。

　令和元年10月１日以後は、合計税率10％、８％のいずれにおいても、国税と地方税の比率は78：22です。したがって、仮払消費税等の額の78/100

相当額が国税部分の税額となります。

(3) 適用のパターン

　事業者は、次の組み合わせで、売上げに係る税額及び仕入れに係る税額を算出します。

【適用可能な組み合わせ】

売上げに係る税額	仕入れに係る税額
原則：割戻し計算	原則：積上げ計算
原則：割戻し計算	特例：割戻し計算 （売上げに係る税額につき割戻し計算が要件）
特例：積上げ計算 （適格請求書等の写しを保存している場合）	原則：積上げ計算

【適用できない組み合わせ】

売上げに係る税額	仕入れに係る税額
特例：積上げ計算	特例：割戻し計算

❼　免税事業者等からの課税仕入れの取扱い（令和５年10月〜令和11年９月）

　事業者登録制度がない場合には、取引相手が課税事業者であるか免税事業者であるかを知ることはできません。しかし、「適格請求書等保存方式」においては、免税事業者は請求書等に登録番号を記載することができないので、課税仕入れを行った事業者は、登録番号の記載のない請求書等を受け取ることによって、仕入先が免税事業者であると確認することになります。ほとんど多くの課税事業者は、登録すると考えられるからです。

　適格請求書等が交付されない課税仕入れは、仕入税額控除の対象から除外しなければなりません。

　ただし、激変緩和の趣旨から、適格請求書等保存方式の導入後6年間は、適格請求書等の交付がない課税仕入れであっても、区分記載請求書等保存方式において仕入税額控除の対象となるものについては、次の割合で仕入税額控除が認められます。

　この経過措置の適用を受けるためには、帳簿に、経過措置の適用を受ける課税仕入れである旨を記載しておかなければなりません。

　また、区分記載請求書等と同様の記載事項が記載された請求書等の保存が必要です。

登録番号のない請求書等に係る課税仕入れの控除の経過措置	
要　　件	①　帳簿に経過措置の適用を受ける課税仕入れである旨を記載 ②　区分記載請求書等と同様の記載事項が記載された請求書等を保存
R5.10.1からR8.9.30までの3年間	支払対価の80%を控除対象とすることができる
R8.10.1からR11.9.30までの3年間	支払対価の50%を控除対象とすることができる

XI 転嫁対策特別措置法

　税制抜本改革法は、消費税の円滑かつ適正な転嫁に支障が生じることがないよう、徹底した対策を講じるものとしています（税制抜本改革法7①一ホ）。

　これを受け、平成25年6月5日、転嫁対策特別措置法[11]が創設され、平成25年6月12日に公布、平成25年10月1日に施行されました。当初は、平成29年3月31日までの時限措置とされていましたが、税率引上げ時期の2度の延期に伴い、令和3年3月31日まで適用されるものとされています。

　転嫁対策特別措置法は、消費税率の引上げに際し、企業が増税分を商品やサービスの価格に円滑に転嫁できるように、次の特別措置を設けています。

❶　消費税の転嫁拒否等の行為の是正に関する特別措置（転嫁拒否の禁止）

❷　消費税の転嫁を阻害する表示の是正に関する特別措置（消費税還元セールの禁止）

❸　価格の表示に関する特別措置（総額表示義務の特例）

❹　消費税の転嫁及び表示の方法の決定に係る共同行為に関する特別措置（独占禁止法の適用除外）

11　消費税の円滑かつ適正な転嫁の確保のための消費税の転嫁を阻害する行為の是正等に関する特別措置法（平成25年法律第41号）（社会保障の安定財源の確保等を図る税制の抜本的な改革を行うための消費税法の一部を改正する等の法律等の一部を改正する法律（平成28年法律第85号）による改正後の法律）。

❶ 転嫁拒否の禁止

　特定事業者は、特定供給事業者に対し、転嫁拒否等の行為を行ってはならないものとされています。

　特定供給事業者（転嫁拒否等の禁止の保護の対象）は、次のとおりです（転嫁対策特別措置法2）。消費税の免税事業者であっても特定供給事業者に該当します。特定供給事業者から継続して課税仕入れを行う事業者を特定事業者といいます。

特定供給事業者（転嫁拒否等の禁止の保護の対象）
(1) 大規模小売事業者に継続して商品等を供給する事業者 (2) 継続して商品等を供給する 　① 個人事業者 　② 人格のない社団等 　③ 資本金等の額が3億円以下である法人

　特定事業者が特定供給事業者から、消費税率の引上げ前後に継続して課税仕入れを行う場合は、次の行為が禁止され、適用税率に見合った価格の改定をしなければなりません（転嫁対策特別措置法3）。

禁止行為
(1) 消費税の転嫁拒否等の行為 　① 減額、買いたたき 　・商品又は役務の対価の額を事後的に減額することにより、消費税の転嫁を拒否すること 　・商品又は役務の対価の額を通常支払われる対価に比べて低く定めることにより、消費税の転嫁を拒否すること 　② 商品購入、役務利用又は利益提供の要請 　・消費税の転嫁に応じることと引換えに商品を購入させ、又は役務を利用させること 　・消費税の転嫁に応じることと引換えに金銭、役務その他の経済上の利益を提供させること 　③ 本体価格での交渉の拒否 　・商品又は役務の対価に係る交渉において本体価格（消費税を含まない価格）

　　　を用いる旨の申出を拒むこと
（2）報復行為
　特定供給事業者が公正取引委員会等に転嫁拒否等の行為に該当する事実を知らせたことを理由として、取引の数量を減じ、取引を停止し、その他不利益な取扱いをすること

　公正取引委員会、主務大臣又は中小企業庁長官は、特定事業者に対し、禁止行為を防止し、又は是正するために必要な指導又は助言をするものとされています（転嫁対策特別措置法4）。

転嫁拒否等の行為に対する検査、指導等、勧告等

（1）報告・検査（公正取引委員会、主務大臣、中小企業庁長官）
　特定事業者等に対して報告徴収、立入検査を行う。
（2）指導・助言（公正取引委員会、主務大臣、中小企業庁長官）
　特定事業者に対して、違反行為を防止又は是正するために必要な指導・助言を行う。
（3）措置請求（主務大臣、中小企業庁長官）
　違反行為があると認めるときは、公正取引委員会に対して、適当な措置（勧告・公表）をとることを求めることができる。ただし、①違反行為が多数に対して行われている場合、②違反行為による不利益の程度が大きい場合、③違反行為を繰り返し行う蓋然性が高い場合、その他④消費税の円滑かつ適正な転嫁を阻害する重大な事実がある場合には措置請求を行うものとする。
　　　※　報復行為については、④に該当する。
（4）勧告・公表（公正取引委員会）
　違反行為があると認めるときは、特定事業者に対して、速やかに消費税の適正な転嫁に応じることその他必要な措置をとるよう勧告し、その旨を公表する。
　　（注1）主務大臣は、特定事業者又は特定供給事業者の事業を所管する大臣をいう。
　　（注2）公正取引委員会、主務大臣及び中小企業庁長官が行う指導内容の例として、以下のようなものがある。
　　　イ）転嫁を拒否した消費税額分を支払うこと
　　　ロ）遡及的に消費税率引上げ分を対価に反映させること
　　　ハ）転嫁と引換えに購入させた商品を引き取り、商品の代金を返還すること
　　　ニ）役務の利用料又は提供を受けた利益を返還すること
　　　ホ）消費税を含まない価格で価格交渉を行うこと 等
　　（注3）特定事業者が公正取引委員会の勧告に従ったときは、独占禁止法による措置はとらない。
　　（注4）政令により、国土交通大臣の権限に属する事務のうち、建設業等を営む者の一部に関しては都道府県知事が行うこととする。

参考：消費税の転嫁　〜よくある勘違い〜

（令和元年11月11日 公正取引委員会事務総局 中部事務所）

　公正取引委員会中部事務所では，日々，消費税の転嫁に関して，ご相談をお寄せいただいています。その中で多く見受けられる「勘違い」について，Ｑ＆Ａ形式でまとめてみました。「勘違い」による法律違反の未然防止にご活用いただければ幸いです。

●質問１：下請法と同じような適用範囲の法律ですか？

　食品メーカーであるＡ社（資本金1000万円）は，毎週，Ｂ社（資本金３億円）に産業廃棄物の処理を委託しています。Ａ社の経理部長は「消費税転嫁対策特措法は下請法と同様に，中小企業保護のための法律なので，資本金の小さい当社がＢ社に対して消費税の転嫁拒否をしても法律違反に問われない」と言っています。本当に大丈夫でしょうか？

●質問２：駐車場や倉庫などの賃料はどうなるんでしょうか？

　Ｃ社はＤ社から駐車場を借りており，契約書で賃料が「月額5,400円（税込み）」と決められています。Ｃ社の経理担当者のＰさん，Ｑさん，Ｒさんはそれぞれ次のようなことを考えています。理解が正しいのは誰でしょうか。

（Ｐさん）税込み価格について合意しているので，今回の消費税率引上げは関係のない話だと思う。

（Ｑさん）Ｄ社は賃料を引き上げたいと言ってきていない。言ってきたら引き上げることでいいのではないかと思う。

（Ｒさん）自社の利益が落ちているのでＤ社と話し合って賃料を据え置いてもらうことにした。Ｄ社は話合いに納得したので，据え置いてもいいのではないかと思う。

●**質問３：免税事業者に我慢してもらえないでしょうか？**

　Ｅ社は自社の雑誌に掲載する原稿の作成をＭさん（免税事業者[注]）にお願いしています。Ｅ社の経理担当者のＳさんは次のようなことを考えています。正しい理解でしょうか。

（Ｓさん）Ｍさんは消費税の納税を免除されている。仮に，原稿料を引き上げなくてもそれほど困らないと思う。我慢してもらえないかお願いしてみよう。

> 注：小規模事業者の納税義務負担への配慮等から，一定規模以下の小規模
> 事業者（基準期間の課税売上高が1000万円以下の事業者）については，
> 納税義務が免除されています。

●**回答１**

　経理部長の理解は間違っています。

　消費税転嫁対策特措法は，特定事業者が特定供給事業者に対して転嫁拒否を行うことを禁止しています。

　Ｂ社の資本金は３億円ちょうどですから特定供給事業者に該当します。また，Ａ社は，Ｂ社（特定供給事業者）から継続して産業廃棄物処理のサービスを受けている法人ですから特定事業者に該当します（ここでは，サービスを受ける側の資本金の大きさは関係ありません。）。

　したがって，Ａ社はＢ社に対し，消費税率引上げ分（２％）に相当する額を，従来の委託料に上乗せして支払う必要があります。

> ※　下請法では，資本金1000万円の会社が規制の対象となることはありませんが，消費税転嫁対策特措法では，資本金1000万円の会社が資本金３億円の会社の特定事業者（規制の対象）となり得ますので，十分な注意が必要です。

●**回答２**

　Ｐさん，Ｑさん，Ｒさんの３人とも間違っています。

消費税転嫁対策特措法では，特定事業者（C社）が，合理的な理由なく，通常支払われるべき対価に比べて対価の額を低く定めることにより消費税の転嫁を拒むことは，「買いたたき」に該当し，違反となります。

この「合理的な理由」とは，例えば，大量発注，共同配送，原材料の共同購入等により，特定供給事業者にも客観的にコスト削減効果が生じており，当事者間の自由な価格交渉の結果，当該コスト削減効果を対価に反映させる場合のことを意味しています。

したがって，「税込価格について合意している」（Pさん），「賃料を引き上げたいと言ってきていない」（Qさん），「（賃料据置きを）納得している」（Rさん）という理由は，いずれも「合理的な理由」に該当しません。

この質問では，C社は，消費税率が10％となった以降は，次の金額を支払う必要があります。

5,400円÷1.08×1.10＝5,500円

●回答３

Sさんの理解は間違っています。

免税事業者も消費税転嫁対策特別措置法上の特定供給事業者に該当するため，特定事業者が免税事業者に対して消費税の転嫁拒否を行うことは問題となります。したがって，特定事業者（E社）は，Mさん（特定供給事業者）に対し，消費税率引上げ分（２％）に相当する額を，従来の原稿料に上乗せして支払う必要があります。

例えば，消費税率が８％のときに原稿１本につき32,400円（消費税込み）で委託していた場合には，

32,400円÷1.08×1.10＝33,000円を支払う必要があります。

❷　消費税還元セールの禁止

　転嫁対策措置法8条は、事業者が消費税分を値引きする等の宣伝や広告を行うことを禁止しています。「消費税還元セール」を禁止する理由は、あたかも消費者が消費税を負担していない又はその負担が軽減されているかのような誤認を消費者に与えないようにするとともに、競合する小売事業者の消費税の転嫁を阻害することを防止し、また、消費税還元セールを行った事業者がそれによって利益に食い込む税負担を仕入先に押し付けようとして仕入価格の改定を拒むことを防止するためです。

　適用の対象となる「事業者」、景品表示法における「事業者」と同様であり、消費税の課税事業者に限られていません。

　禁止されるのは、次の表示です（転嫁対策特別措置法8）。

禁止される表示	具体例
(1) 取引の相手方に消費税を転嫁していない旨の表示	ア「消費税は転嫁しません。」 イ「消費税は一部の商品にしか転嫁していません。」 ウ「消費税は転嫁していないので、価格が安くなっています。」 エ「消費税はいただきません。」 オ「消費税は当店が負担しています。」 カ「消費税はおまけします。」 キ「消費税はサービス。」 ク「消費税還元」、「消費税還元セール」 ケ「当店は消費税増税分を据え置いています。」
(2) 取引の相手方が負担すべき消費税に相当する額の全部又は一部を対価の額から減ずる旨の表示であって消費税との関連を明示しているもの	ア「消費税率上昇値引きします。」 イ「消費税8％分還元セール」 ウ「増税分は勉強させていただきます。」 エ「消費税率の引上げ分をレジにて値引きします。」
(3) 消費税に関連して取引の相手方に経済上の利益を提供する旨の表示であって消費税との関連を明示しているもの	ア「消費税相当分、次回の購入に利用できるポイントを付与します。」 イ「消費税相当分の商品券を提供します。」 ウ「消費税相当分のお好きな商品1つを提供します。」 エ「消費税増税分を後でキャッシュバックします。」

なお、次の表示は、禁止される表示に該当しません。

禁止されない表示の具体例
(1) 消費税との関連がはっきりしない「生活応援セール」「ハロウィン特集セール」
(2) たまたま消費税率の引上げ幅と一致するだけの「2%値下げ」「2%還元」「2%ポイント還元」
(3) たまたま消費税率と一致するだけの「10%値下げ」「8%還元セール」「8%ポイント進呈」

違反行為に対しては、転嫁拒否の禁止に準じて、公正取引委員会等が必要な指導又は助言をするものとされています（転嫁対策特別措置法9）。

消費税の転嫁を阻害する表示に対する指導、勧告等
(1) 指導・助言（消費者庁長官、公正取引委員会、主務大臣、中小企業庁長官） 　事業者に対して、違反行為を防止又は是正するために必要な指導・助言を行う。
(2) 勧告・公表（消費者庁長官） 　違反行為があると認めるときは、事業者に対して、速やかにその行為を取りやめることその他必要な措置をとるように勧告し、その旨を公表する。 　　（注）事業者が消費者庁長官の勧告に従ったときは、景品表示法による措置はとらない。

❸ 総額表示義務の特例

消費税の円滑かつ適正な転嫁の確保及び事業者の事務負担への配慮の観点から、令和3年3月31日までは、誤認防止措置を講じているときに限り、税抜価格の表示を行うことができます（転嫁対策特別措置法10）

総額表示義務の特例

(1) 事業者は、消費税率の引上げに際し、消費税の円滑かつ適正な転嫁のため必要があるときは現に表示する価格が税込価格であると誤認されないための措置（誤認防止措置）を講じているときに限り、税込価格を表示することを要しない（総額表示義務の特例）。

(2) （1）により税込価格を表示しない事業者は、できるだけ速やかに、税込価格を表示するよう努めなければならない。

(3) 事業者は、税込価格を表示する場合において、消費税の円滑かつ適正な転嫁のため必要があるときは、税込価格に併せて、税抜価格又は消費税の額を表示するものとする。

(4) （3）の場合において、税込価格が明瞭に表示されているときは、税抜価格の表示については、景品表示法5条（不当表示）の規定は、適用しない（総額表示義務の特例に係る景品表示法の適用除外）。

---

❹　独占禁止法の適用除外

　消費税の円滑かつ適正な転嫁の確保のため，事業者等が行う転嫁カルテル及び表示カルテルについて，消費税導入時と同様の独占禁止法の適用除外制度が設けられています（転嫁対策特別措置法12、13）

　なお、公正取引委員会への事前の届出が必要です。

【著者紹介】

金井恵美子（かない　えみこ）

平成4年税理士試験合格。平成5年2月税理士登録、金井恵美子税理士事務所開設。平成17年より近畿大学大学院法学研究科非常勤講師。クライアントのビジネスパートナーとして税理士業務を行い、全国の税理士会、研修機関において研修講師を務める。

著書に、『実務消費税ハンドブック』コントロール社、『プロフェッショナル消費税』『演習消費税法（全国経理教育協会テキスト）』清文社、『消費税中小事業者の特例パーフェクトガイド』ぎょうせい、『消費税の実務事例Q＆A』『一夜漬け消費税』『一夜漬け相続税・贈与税』税務経理協会、ほか多数。

論文に、「所得税法第56条の今日的存在意義について」（第26回日税研究賞入選）、「所得税法における損失の取扱いに関する一考察」税法学566号、「税率構造〜軽減税率の法制化を踏まえて」日税研論集70号（消費税の研究）、「最低生活費への課税とユニバーサル定額給付〜消費税が奪った最低生活費をどう償うか」税法学581号、ほか多数。

消費税軽減税率の徹底チェック

2020年5月1日　第1版第1刷発行

著　者　金　井　恵　美　子
発行者　山　本　　　継
発行所　㈱中　央　経　済　社
発売元　㈱中央経済グループ
　　　　パブリッシング

〒101-0051　東京都千代田区神田神保町1-31-2
電話　03 (3293) 3371 (編集代表)
　　　03 (3293) 3381 (営業代表)
http://www.chuokeizai.co.jp/
印刷／文唱堂印刷㈱
製本／㈲井上製本所

© 2020
Printed in Japan

●実務・受験に愛用されている読みやすく正確な内容のロングセラー！

定評ある税の法規・通達集 シリーズ

所 得 税 法 規 集
日本税理士会連合会
中央経済社 編

❶所得税法 ❷同施行令・同施行規則・同関係告示 ❸租税特別措置法(抄) ❹同施行令・同施行規則・同関係告示(抄) ❺震災特例法・同施行令・同施行規則(抄) ❻復興財源確保法(抄) ❼復興特別所得税に関する政令・同省令 ❽災害減免法・同施行令(抄) ❾国外送金等調書提出法・同施行令・同施行規則・同関係告示

所 得 税 取 扱 通 達 集
日本税理士会連合会
中央経済社 編

❶所得税取扱通達(基本通達／個別通達) ❷租税特別措置法関係通達 ❸国外送金等調書提出法関係通達 ❹災害減免法関係通達 ❺震災特例法関係通達 ❻索引

法 人 税 法 規 集
日本税理士会連合会
中央経済社 編

❶法人税法 ❷同施行令・同施行規則・法人税申告書一覧表 ❸減価償却用耐用年数省令 ❹法人税関係告示 ❺地方法人税法・同施行令・同施行規則 ❻租税特別措置法(抄) ❼同施行令・同施行規則・同関係告示 ❽震災特例法・同施行令・同施行規則(抄) ❾復興財源確保法(抄) ❿復興特別法人税に関する政令・同省令 ⓫租特透明化法・同施行令・同施行規則

法 人 税 取 扱 通 達 集
日本税理士会連合会
中央経済社 編

❶法人税取扱通達(基本通達／個別通達) ❷租税特別措置法関係通達(法人税編) ❸連結納税基本通達 ❹租税特別措置法関係通達(連結納税編) ❺減価償却用耐用年数省令 ❻機械装置の細目と個別年数 ❼耐用年数の適用等に関する取扱通達 ❽震災特例法関係通達 ❾復興特別法人税関係通達 ❿索引

相 続 税 法 規 通 達 集
日本税理士会連合会
中央経済社 編

❶相続税法 ❷同施行令・同施行規則・同関係告示 ❸土地評価審議会令・同省令 ❹相続税法基本通達 ❺財産評価基本通達 ❻相続税法関係個別通達 ❼租税特別措置法(抄) ❽同施行令・同施行規則(抄)・同関係告示 ❾租税特別措置法(相続税の特例)関係通達 ❿震災特例法・同施行令・同施行規則(抄)・同関係告示 ⓫震災特例法関係通達 ⓬災害減免法・同施行令(抄) ⓭国外送金等調書提出法・同施行令・同施行規則・同関係告示 ⓮民法(抄)

国 税 通 則・徴 収 法 規 集
日本税理士会連合会
中央経済社 編

❶国税通則法 ❷同施行令・同施行規則・同関係告示 ❸同関係通達 ❹租税特別措置法・同施行令・同施行規則(抄) ❺国税徴収法 ❻同施行令・同施行規則 ❼滞調法・同施行令・同施行規則(抄) ❽税理士法・同施行令・同施行規則・同関係告示 ❾電子帳簿保存法・同施行令・同施行規則・同関係告示・同関係通達 ❿行政手続オンライン化法・同国税関係法令に関する省令・同関係告示 ⓫行政手続法 ⓬行政不服審査法 ⓭行政事件訴訟法(抄) ⓮組織的犯罪処罰法(抄) ⓯没収保全と滞納処分との調整令 ⓰犯罪収益規則(抄) ⓱麻薬特例法(抄)

消 費 税 法 規 通 達 集
日本税理士会連合会
中央経済社 編

❶消費税法 ❷同別表第三等に関する法令 ❸同施行令・同施行規則・同関係告示 ❹消費税法基本通達 ❺消費税申告書様式等 ❻消費税法等関係取扱通達等 ❼租税特別措置法(抄) ❽同施行令・同施行規則(抄)・同関係通達 ❾消費税転嫁対策法・同ガイドライン ❿震災特例法・同施行令(抄)・同関係告示 ⓫震災特例法関係通達 ⓬税制改革法等 ⓭地方税法(抄) ⓮同施行令・同施行規則(抄) ⓯所得税・法人税政省令(抄) ⓰輸徴法(抄) ⓱関税法令(抄) ⓲関税定率法令(抄)

登録免許税・印紙税法規集
日本税理士会連合会
中央経済社 編

❶登録免許税法 ❷同施行令・同施行規則 ❸租税特別措置法・同施行令・同施行規則(抄) ❹震災特例法・同施行令・同施行規則(抄) ❺印紙税法 ❻同施行令・同施行規則 ❼印紙税法基本通達 ❽租税特別措置法・同施行令・同施行規則(抄) ❾印紙税額一覧表 ❿震災特例法・同施行令・同施行規則(抄) ⓫震災特例法関係通達等

中央経済社